HOLGER GUMPRECHT

Potsdam

ABSEITS DER PFADE

Eine etwas andere Reise
durch die Stadt der Schlösser und Gärten

braumüller

Bibliografische Information der Deutschen Nationalbibliothek
Die Deutsche Nationalbibliothek verzeichnet diese Publikation in der
Deutschen Nationalbibliografie – detaillierte bibliografische Daten
sind im Internet über http://dnb.d-nb.de abrufbar.

1. Auflage 2018
© 2018 by Braumüller GmbH
Servitengasse 5, A-1090 Wien
www.braumueller.at

Fotos: © Holger Gumprecht
Karten S. 10, 58, 96, 146:
openstreetmap.org | © OpenStreetMap-Mitwirkende (CC BY-SA 2.0)
Lektorat: Susanne Falk

Druck: FINIDR, s.r.o., Lípová 1965, 737 01 Český Těšín
ISBN 978-3-99100-233-8

Für Thomyss Ivan Harmon

Inhalt

Vor den Spaziergängen 6

Erster Spaziergang: Babelsberg – Klein Glienicke 11

Lakritze, Schwarzkittel und Agenten – die „dunkle" Seite von Babelsberg 12
Zwischen Kapelle und Konsum – Klein Glienicke 30
Hinter deutschen Wänden – das Villenviertel von Neubabelsberg 38

Zweiter Spaziergang: Teltower Vorstadt – Telegrafenberg 59

Ein Telegramm an die Toten – Alter und Neuer Friedhof 60
Janz weit draußen auf der Potsdamer Kartoffel 70
94 Meter über dem Meer 77
Die zweifelhafte Schönheit der Welt von gestern 83

Dritter Spaziergang: Stadtmitte – Jägervorstadt 97

Wo nichts so ist, wie es scheint – Potsdam als Potemkinsches Dorf 98
Potsdams finstere Vergangenheit 111
Kulinarische Weltstadt 121
Nahrung für „Eingefleischte" 126
Was keiner wissen durfte 129
Potsdam-Style 134

Vierter Spaziergang: Nauener Vorstadt 147

Von Grenzgewässern und Biergenuss 148
Allerlei Geister 155

Potsdam-Tipps 175

Tipps zum ersten Spaziergang 176
Tipps zum zweiten Spaziergang 180
Tipps zum dritten Spaziergang 184
Tipps zum vierten Spaziergang 189

Vor den Spaziergängen

Ich erinnere mich noch genau an meine erste Begegnung mit Potsdam, obgleich diese schon über drei Jahrzehnte zurückliegt. Damals kam mir die Stadt geradezu wie das Paradies vor. Das Warum lässt sich schnell erklären: Ich war zu jener Zeit Wehrdienstleistender in der Nationalen Volksarmee der DDR, stationiert in Brandenburg, in der Stadt an der Havel, nicht zu verwechseln mit dem gleichnamigen Bundesland, denn das wurde ja erst nach der deutschen Wiedervereinigung gegründet. Der Militärdienst war so stumpfsinnig wie verhasst, die raren Aufenthalte außerhalb der Kasernenmauern boten auch keine nennenswerte Abwechslung. Leider war uns das Verlassen des Standortes genauso streng verboten wie etwa das Westradio-Hören, man mag das heute kaum noch glauben. Zum Glück aber lag Potsdam nur einen Katzensprung weit entfernt, mit der Bahn schon in einer halben Stunde zu erreichen. Es brauchte nicht lange, da wusste ich, wie man die gefürchteten Militärstreifen auf dem Brandenburger Bahnhof austrickste, um noch auf den bereits abfahrenden Zug Richtung Potsdam aufspringen zu können. Viel Zeit und Muße waren mir während dieser „vorübergehenden Desertionen" zwar nicht vergönnt, aber um sich in die Stadt mit ihren herrlichen Schlössern und Parks zu verlieben, dazu hat es gereicht.

Französische Kirche

Heute wundert mich das manchmal ein wenig. Denn schaue ich mir Fotos aus den 1970er- und 1980er-Jahren an, dann fällt mir auf, dass Potsdam doch weitgehend ein eher trostloses Pflaster war. Mit seinen vielerorts bröckelnden Fassaden, Baulücken und steril wirkenden Hochhäusern versprühte es eben den Charme einer sozialistischen Bezirkshauptstadt. Dafür gab es mehrere Gründe. Noch kurz vor Ende des Zweiten Weltkriegs, in der Nacht vom 14. auf den 15. April 1945, zerstörten in einem militärisch völlig nutzlosen Bombardement die Fliegerstaffeln der Royal Air Force nahezu die gesamte Innenstadt. Als ob die Piloten gewissermaßen noch fünf vor zwölf die zynische Forderung, die man gemeinhin George Bernard Shaw zuschreibt, erfüllen wollten: „Es gibt Städte, die verdienen ausgelöscht zu werden. Eine davon ist Potsdam."

Die darauf folgende zweite deutsche Diktatur zeigte aus ideologischen Gründen keinerlei Interesse am Wiederaufbau der alten preußischen Garnisonstadt, die ja nicht nur in den kommunistischen Betonköpfen als der Inbegriff für Militarismus und Großmachtstreben spukte. So wurden im Arbeiter- und Bauernstaat, um hier nur zwei Beispiele zu nennen, das arg beschädigte Stadtschloss abgerissen und der Turm der Garnisonkirche

Hotel Mercure

gesprengt. An vielen Stellen zog man triste Plattenbauten hoch, die das einstige Panorama brutal verschandelten. Und so manche vom Krieg eigentlich verschonte Gebäude ließ man gleichgültig allmählich verfallen. „Ruinen schaffen ohne Waffen", so frotzelten wir damals – wenn wir unter uns waren. Damit teilte Potsdam das Schicksal der anderen DDR-Städte. Während die ohnehin knappen Ressourcen und finanziellen Mittel bevorzugt in den Aufbau Ostberlins flossen, wo man westlichen Besuchern einen prosperierenden sozialistischen Staat vorzugaukeln versuchte, blieben die anderen Städte zwischen Ostsee und Zittauer Gebirge unübersehbar auf der Strecke.

Für all das war ich während meiner ersten Besuche in Potsdam blind. Das dürfte vielleicht am Reiz des Verbotenen und mehr noch an den fehlenden Vergleichsmöglichkeiten des in seinen Reisemöglichkeiten stark eingeschränkten DDR-Bürgers gelegen haben. Doch inzwischen ist freilich viel Wasser die Havel entlanggeflossen. Der oft und gern zitierte Slogan „Potsdam ist Berlins schöne Schwester" stimmte uneingeschränkt vor dem Zweiten Weltkrieg, und er trifft auch jetzt, fast drei Jahrzehnte nach der friedlichen Revolution von 1989, wieder zu. Die brandenburgische Landeshauptstadt hat sich zu einem geschätzten Wissenschaftsstandort gemausert, sie kann eine für ostdeutsche Verhältnisse niedrige Arbeitslosigkeit und hohe Kaufkraft vorweisen, sie wächst und wächst, und zwar weit schneller als je gehofft auf mittlerweile über 170 000 Einwohner. Zigtausend zugezogene Neu-Potsdamer seit dem Fall der Mauer können nicht irren. Die einst von Bundeskanzler Helmut Kohl versprochenen und seither eigentlich stets nur spöttisch zitierten „blühenden Landschaften" lassen sich in Potsdam allenthalben entdecken. Um nochmals nur zwei Beispiele zu bemühen: Auf dem Alten Mark ist endlich das Stadtschloss wieder errichtet worden und der Turm der so geschichtsträchtigen Garnisonkirche wird demnächst folgen.

Diesen und den vielen anderen alten wie neu entstandenen Sehenswürdigkeiten möchte ich in meinem Buch jedoch eher die kalte Schulter zeigen. Sanssouci und Co. überlasse ich gern den traditionellen Reiseführern. Die beliebten Touristenattraktionen lasse ich links liegen, ich werde vielmehr, getreu dem Motto dieser Buchreihe, die üblichen Trampelpfade meiden und mir dafür lieber weniger Bekanntes, aber nicht minder Interessantes näher ansehen.

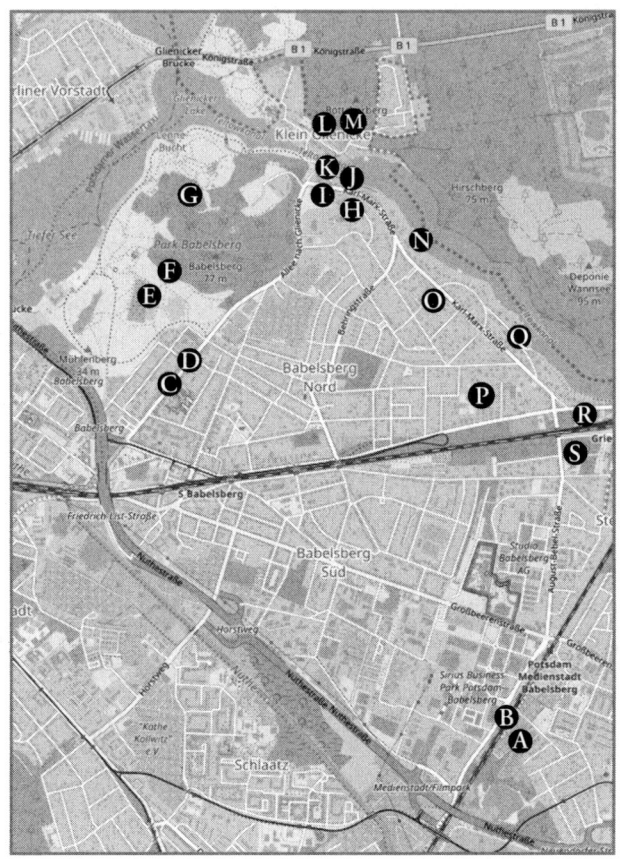

A Katjes „Gläserne
        Bonbonfabrik"
B „Lok-Zirkus"
C Weberhäuser
D „Verdeckte Pforte"
E Flatowturm
F Gerichtslaube
G Kleines Schloss
H Enver-Pascha-Brücke
I Parkbrücke

J Wartmanns Café
K „Konsum"
L Klein Glienicke Kapelle
M Friedhof
N Stalin-Villa
O Villla Gugenheim
P Churchill-Villa
Q Truman-Villa
R Konrad-Adenauer-Platz
S „Piazza Toscana"

Erster Spaziergang

Babelsberg – Klein Glienicke

Lakritze, Schwarzkittel und Agenten – die „dunkle" Seite von Babelsberg

Nicht alle, aber viele Wege führen nach Potsdam. Ich wähle für meinen ersten Spaziergang die Route aus, auf der wohl die meisten Besucher in die Stadt kommen werden: mit dem Auto über die Nuthestraße von Berlin. Dabei bewegt mich zugegebenermaßen ein etwas profaner Hintergedanke. Ich verlasse nämlich die Schnellstraße bereits an der Abfahrt Wetzlarer Straße und fahre Richtung Norden etwa 500 Meter weiter. Jetzt finde ich mich im Babelsberger Gewerbegebiet wieder, entsprechend nüchtern sieht es hier aus. Das Ziel meines Abstechers macht dabei keine Ausnahme: Katjes' „Gläserne Bonbonfabrik". Der helle Betonklotz auf der linken Seite ist wie auch die anderen Gebäude hier kein Blickfang. An dem würde man glatt vorbeifahren, wären da nicht diese überdimensionalen roten Bonbons auf der Rasenfläche davor. Hinter den nichtssagenden Mauern steckt allerdings etwas Bemerkenswertes. Hier lässt sich nämlich das Süßwarenunternehmen Katjes während der laufenden Produktion gern in die Karten schauen.

Ich bin mit Werksleiter Andreas Respondek verabredet. Der Diplomingenieur erzählt mir, wie an dieser Stelle im Jahr

*Katjes-Werksleiter
Andreas Respondek*

2006 alles anfing. Nicht ohne Stolz erwähnt er, dass die „Gläserne Bonbonfabrik" ein deutschlandweites Unikum ist. Während des Rundgangs fallen mir in der Belegschaft ungewöhnlich viele ältere Mitarbeiter auf. Zufall oder eher Ausdruck einer sozialen Ader der Personalleitung? Respondek schmunzelt. Tatsächlich hatte Katjes aus dem nordrhein-westfälischen Emmerich bei der Entscheidung über den künftigen Standort die schwierige Situation auf dem ostdeutschen Arbeitsmarkt im Auge. Daher wollte man vor allem Angehörige der sogenannten „Generation 50+" als neue Kollegen gewinnen. Bei einer solchen Offerte, so denke ich für mich, dürften die zuständigen Entscheidungsträger in Potsdam sicher schnell ihre Genehmigungsstempel aus der Schublade geholt haben. Heute sind es 75 Mitarbeiter, die in Babelsberg für Katjes die Lakritze-Hartbonbons herstellen.

In einem Gang im oberen Geschoss können die Besucher durch große Panoramafenster zusehen, wie nach einem langen, clever ausgeklügelten Fertigungsprozess am Ende jene berühmten dunklen Bonbons vom Band purzeln. Alles sieht hier blitzblank und sauber aus, die Inspekteure der amtlichen Lebensmittelüberwachung können sich den Kontrollbesuch in Babelsberg sparen. Leicht verständliche Schautafeln erklären, was hinter den Scheiben passiert, die Maschinen hat man praktischerweise entsprechend nummeriert.

Eines möchte ich von Herrn Respondek aber noch gerne erfahren. Wie vielleicht viele wissen, stecken hinter den No-Name-Produkten, die beim Discounter für wenig Geld in den Regalen liegen, namhafte Markenhersteller. Man munkelt, dass dabei minderwertigere Zutaten zum Zuge kommen. Ist da denn etwas dran? Andreas Respondek winkt ab. Die No-Name-Produkte sind nicht schlechter, höchsten nach einer geringfügig anderen Rezeptur hergestellt. Und dass sie letztendlich vergleichsweise so preiswert sind, liegt einzig und allein an den hohen Massen, wie sie nur die marktbeherrschenden Discounterketten – auch bei Katjes – in Auftrag geben können.

Lakritze-Hartbonbons sind nun sicherlich nicht jedermanns Geschmack, mich eingeschlossen. Aber Katjes, nach Haribo und Storck die Nummer drei auf dem deutschen Süßwarenmarkt, stellt ja noch viele andere süße Sachen her: von solch bekannten Fruchtgummi-Produkten wie den „Grün-Ohr Hasen", den lakritzdunklen „Katzen Pfötchen" über „Granini-Fruchtbonbons" bis hin, was nur wenige mit dem Namen Katjes in Verbindung bringen, zur kultigen „Ahoj-Brause". Herr

Katjes-Produktionshalle

Katjes-Fabrikverkauf

Respondek outet sich übrigens, jedenfalls was den Geschmack anbelangt, als ein konservativer Mensch: Seine Lieblingsmarke war, ist und bleibt das Lakritzbonbon „Sallos". Dieses und noch so vieles andere aus dem großen Katjes-Sortiment gibt es an Ort und Stelle im hauseigenen Fabrikverkauf zu etwas günstigeren Preisen als an der Supermarktkasse zu kaufen.

Ich verlasse den Katjes-Shop um einige Euro ärmer, dafür aber um ein paar Erkenntnisse reicher. Ehe ich meine Fahrt fortsetze, werfe ich jedoch noch einen Blick auf das Gelände hinter der „Gläsernen Bonbonfabrik". Dort befindet sich der sogenannte „Lok-Zirkus". Wenn Sie das Gebäude mit dem Kuppeldach sehen, werden Sie wissen, warum es im Volksmund zu diesem Namen gekommen ist. Mit einem Zirkus hat die Industrieanlage freilich nichts zu tun, hier wurden vielmehr in der ersten Hälfte des 20. Jahrhunderts die Lokomotiven der Firma Orenstein & Koppel produziert. Das erklärt übrigens auch den etwas ungewöhnlichen Straßennamen Orenstein-&-Koppel-Straße, die Sie eben auf dem Weg hierher passiert haben. Das markante Bauwerk galt lange Zeit als unverkäuflich. Investoren zog es offenbar wenig an, dafür aber

Locationscouts. So wurde der „Lok-Zirkus" 2007 zur geeigneten Kulisse für die Hollywood-Produktion „The International", die 2009 in die Kinos kam. Vielleicht erinnern Sie sich an diesen Politthriller von Tom Tykwer mit Clive Owen als Interpol-Agenten und Naomi Watts als cleverer Staatsanwältin? In einer spannenden Schlüsselszene stellte darin der Babelsberger „Lok-Zirkus", entsprechend aufgemotzt, das New Yorker Guggenheim-Museum dar. Alle Achtung! Von einer vor sich hin rostenden Fabrikhalle zur weltberühmten Kunstsammlung: eine solche Metamorphose kann es nur im Kino geben. Doch halt, auch in der Wirklichkeit soll mit dem Dornröschenschlaf der denkmalgeschützten Ruine ab Frühjahr 2018 Schluss sein. Ich lese nämlich gerade in der Lokalzeitung, dass die Stadt Potsdam nun doch noch einen Investor gewinnen konnte, der mit 45 Millionen Euro in der Tasche nach Babelsberg kommen wird. Die Ambitionen für den Umbau sind folglich gigantisch. Sie werden dann einmal an dieser Stelle vor einer viergeschossigen, hypermodernen Glas-Stahl-Konstruktion stehen mit dem überaus sinnigen Namen „Paradome". Ein neues Domizil vor allem für Firmen aus der IT- und Medien-Branche, aber auch für ein innovatives Hotel. Der dafür gewählte Slogan „Bed & Bike" verrät es bereits: Man hat dabei nicht Gäste mit dickem

Geldbeutel im Visier, sondern vielmehr Potsdam-Besucher, die hier übernachten und ihre Elektrofahrräder aufladen oder solche ausleihen wollen.

Nun fahre ich zurück auf die Nuthestraße. Mein Ziel ist der Schlosspark Babelsberg. Ich nehme die Ausfahrt Friedrich-List-Straße und fahre rechts auf der Straße Alt Nowawes weiter. An dieser Stelle möchte ich einen kurzen Hinweis zum Thema „Autofahren in Potsdam" einfügen. Wie in allen Städten ist auch hier das damit verbundene Parkplatzsuchen ein leidiges Thema. Vor allem in der Innenstadt sowie in der Nähe häufig besuchter Sehenswürdigkeiten werden Sie die Folgen der sogenannten Parkplatzbewirtschaftung zu spüren bekommen. Zwar gibt es genügend Bereiche mit Parkscheinautomaten, doch wer will schon während eines längeren Spaziergangs unter Zeitdruck stehen, weil er seinen Parkschein erneuern muss? In diesem Zusammenhang wird schon länger eine Neugestaltung des öffentlichen Nahverkehrs diskutiert bis hin zu einer kostenlosen Nutzung durch Umlagefinanzierung. Nicht nur die Umwelt, auch die Potsdam-Besucher würden davon profitieren. Klingt also nach einer guten Idee. Bei meinem jetzt anvisierten Ziel gibt es jedoch einige Stellen, wo (noch) kostenloses und somit unbeschwertes Parken möglich ist – die Anwohner mögen mir den Tipp verzeihen.

Am Ende von Alt Nowawes erreiche ich das kleine Pförtnerhäuschen am Parkeingang und biege links in die Wollestraße ein. Nicht immer kann ich mich schon gleich hier über einen freien Parkplatz freuen. Das macht aber nichts, ich fahre an der Park Studios GmbH vorbei, gleich nach der Kurve fällt mir auf der linken Seite ein allein stehendes Haus auf, das einen ziemlich baufälligen Eindruck macht. In das Ensemble der neuen, schmucken Wohnhäuser in dieser Gegend will es so gar nicht passen. Ich halte kurz an und steige aus. An den drei Fenstern im Parterre und auch an der Eingangstür sind zahllose Zeitungsartikel und selbst geschriebene Zettel geklebt.

Pförtnerhäuschen

Die Überschriften in fetten Buchstaben schreien den Passanten förmlich an. Da ist von „RAUS-Sanierung" die Rede, von „Wie Westdeutsche im Osten absahnen", „Vermieter droht mit Räumungsklage" und „Schäm dich, du Miethai!". Mir wird klar, dass auch dieses Gebäude der nicht nur in Potsdam zu beobachtenden Gentrifizierung zum Opfer fallen soll. Offensichtlich hat man aber die Rechnung ohne den einzigen hier übrig gebliebenen Mieter gemacht. Mit bitterbösen Bemerkungen pocht der Rentner auf sein Recht, in diesem Haus, in dem er auch geboren wurde, doch bitte schön in Ruhe sterben zu dürfen. Ziemlich makaber wirken allerdings die aufgehängten Skelette und nicht zuletzt auch der gedrehte Strick. Ein Wink mit dem Zaunpfahl? Hoffentlich nicht. Politiker scheint der Mann allesamt zu verabscheuen, doch für Tiere hat er offenbar ein Herz. An dem Vogelhäuschen herrscht gerade reger Betrieb (im Sommer soll man Vögel ja eigentlich nicht füttern) und vor der Tür steht eine mit Wasser gefüllte Schale für durstige Hunde. Der Mann ist mir sympathisch. Ob ich vielleicht mal klingele? Ob er wohl öffnen wird? Mein Gedanke, dass er mit seinem Schicksal nicht alleine dasteht, mag ihn wahrscheinlich nur wenig trösten, aber vielleicht freut er sich darüber, dass mal jemand Anteilnahme zeigt. Ich drücke auf die Klingel. Einmal. Ein zweites Mal. Es rührt sich nichts. Vielleicht hat man ihm auch schon den Strom abgestellt. Auf Klopfen verzichte ich dann aber lieber, der gute Mann denkt sonst vielleicht, ein Räumungskommando steht schon vor der Tür.

Ich fahre in gedämpfter Stimmung weiter und biege rechts in die Jute- und dann weiter in die Mühlenstraße ein, wo ich, wie so oft, noch reichlich freie Stellplätze entdecke. Die Parkplatzsuche hat manchmal auch ihr Gutes, denn entlang der Mühlenstraße kann man zahlreiche alte Weberhäuser sehen, die an jene Zeit erinnern, als dieser Ortsteil noch Nowawes hieß. Das klingt slawisch, ist es auch, und heißt aus dem Tschechischen ins Deutsche übersetzt „neues Dorf". Im Jahr 1750 wurde auf Befehl Friedrich des Großen die Gründung der Weber- und Spinnereikolonie östlich von der heutigen Potsdamer Stadtmitte verkündet. Hier sollten hauptsächlich die wegen ihres protestantischen Glaubens verfolgten Weber und Spinner aus Böhmen ein neues Zuhause finden. Nach der Fertigstellung der Kolonie lebten in 210 Häusern fast tausend neue preußische Mitbürger. Friedrich II. war für

Makabrer Fensterschmuck

seine religiöse Toleranz berühmt. Mit seiner Devise „Jeder soll nach seiner Façon selig werden" verfolgte der Monarch aber auch ganz handfeste wirtschaftliche Interessen. So siedelten sich hier ebenso noch Zimmerleute, Maurer, Gärtner, Schneider, Bäcker und andere Handwerker an, die Fridericus Rex für die Fertigstellung seiner ambitionierten Bauten und last, but not least zur Versorgung der Armee benötigte. Nicht alle, aber noch etwa 100 der alten fünfachsigen Fachwerkhäuser sind hier auf der „böhmischen Seite" Potsdams zu finden. Sie waren für jeweils zwei Familien, Wohn- und Werkstatt zugleich. Im großen Zimmer zur Straßenseite wurde an den Webstühlen gearbeitet, die Schlafstuben gingen auf den Hinterhof hinaus, gekocht hat man in der sogenannten „schwarzen Küche" im Flur. Auf dem Dachboden schliefen neben dem Warenlager die größeren Kinder und die Gesellen. Vielleicht werden Sie sich bei den für Nowawes typischen Alleen über die ungewöhnlich breite Fläche zwischen Straße und Gehweg wundern: Diesen Platz nutzten die Weber zum Bleichen ihrer Tücher. Etwa in Höhe des Hauses der Mühlenstraße Nr. 20 erzählen mehrere an den Wänden zur Straße aufgemalte Schaubilder vom Alltag der Weber in Nowawes.

Um von dieser Stelle aus nun endlich in den Park Babelsberg zu kommen, müssen Sie gar nicht mehr den gesamten Weg zurück zum Pförtnerhäuschen gehen, sondern können durch die sogenannte „Verdeckte Pforte" eine Abkürzung nehmen. Aber Vorsicht, der Eingang trägt nicht ohne Grund diesen Namen, im Sommer, wenn alles so schön grünt und blüht, kann man daran leicht vorbeigehen. Es gibt bekanntlich viele Parks in Potsdam, dieser ist mir der liebste. Ich besuche ihn, wann immer es mir möglich ist, vorzugsweise am Vormittag. Das hat viele Vorteile – und einen dummen Nachteil, doch dazu später. Jetzt genieße ich erst einmal die himmlische Ruhe. Die herrliche Anlage wurde in der ersten Hälfte des 19. Jahrhunderts nach englischem Vorbild von Peter Joseph Lenné

Weberhäuser Alt Nowawes

und Fürst Hermann Pückler-Muskau angelegt, steht jedoch im Schatten von Sanssouci und dem Neuen Garten, wo es die Besucher- und Touristenströme eher hinzieht. Das soll mir recht sein. Nur ab und zu werde ich von ein paar keuchenden Joggern überholt, begegne gelegentlich einer Mutter mit Kinderwagen oder ein paar Hundebesitzern, die ihre Vierbeiner ausführen. Besucher mit einer ausgeprägten Hundephobie seien allerdings gewarnt: Zwar gilt wie überall in den von der Stiftung Preußische Schlösser und Gärten betreuten Parks Leinenzwang, leider halten sich nicht alle Hunde daran. Schlechtes Benehmen war aber wohl schon immer ein Problem in Potsdam. Bereits die Verfasser der Parkordnung der Königlich-Preußischen Garten-Intendantur aus dem 19. Jahrhundert sahen sich veranlasst zu fordern: „Bei dem Eintritt in diesen königlichen Garten wird ein Jeder gewarnt, nicht auf die Grasstücke oder in den Pflanzungen zu gehen, sondern in den Wegen zu bleiben, keinen Taback zu rauchen, keine Hunde mitzubringen, keine blühenden Sträucher oder sonst etwas abzupflücken, und überhaupt keine Unanständigkeiten zu begehen." Tatsächlich wurde der Park Babelsberg jahrzehntelang nicht als einmaliges Gartendenkmal und Weltkulturerbe verstanden, sondern

Flatowturm

vielmehr als Volkspark. In der DDR fügte man auf der weiträumigen Anlage im Nordosten eine kleine Hochschule hinzu sowie am Seeufer ein Strandbad. Und da wundert es auch nicht, wenn man heute noch auf den Wiesen gelegentlich feucht-fröhliche Picknick-Runden entdeckt – ich hoffe, ohne „Unanständigkeiten". Solche Gewohnheitsrechte lassen sich eben nur schwer wieder aus den Köpfen der Menschen vertreiben. Mich selbst stört das nicht sonderlich, aber mir entgehen auch nicht die oft etwas pikiert wirkenden Gesichter mancher Besucher.

Allerdings sind es nicht nur zweibeinige Übeltäter, die den Mitarbeitern der Schlösserstiftung unangenehm auffallen. Wie in vielen öffentlichen Grünanlagen und privaten Gärten im Berliner Raum hinterlassen auch in Potsdam immer öfter Wildschweine eine Spur der Verwüstung. Dabei haben es die nimmersatten Schwarzkittel besonders auf den Babelsberger Park abgesehen. In innerstädtischen Gebieten dürfen Jäger selbstverständlich nicht so ohne Weiteres auf sie schießen, daher ist man gerade dabei, hier einen Elektrozaun zu installieren, der sich jedoch behutsam in die Umgebung einpassen und zudem auch nur nachts unter Strom stehen soll.

Mein erster Anlaufpunkt ist in den meisten Fällen das Plateau vor dem Flatowturm. Von dieser Stelle genießt man einen fantastischen Blick auf Potsdam. Links können Sie in der Ferne die Kuppel der Nikolaikirche sehen, auch den nicht nur in meinen Augen wenn nicht hässlichen, so doch völlig unpassend wirkenden Turm der Seniorenresidenz Heilig Geist Park. Er markiert übrigens genau die Stelle, wo früher die im Krieg zerstörte Barockkirche gleichen Namens stand. Weiter schweift der Blick von hier zur Humboldtbrücke, dann weiter rechts über den Tiefen See auf die Berliner Vorstadt. Diese ohnehin schon spektakuläre Aussicht kann eigentlich, im buchstäblichen Sinne, nur noch durch eines getoppt werden: durch den Aufstieg auf den Flatowturm hinter mir. Und da sind wir auch schon bei dem zuvor erwähnten Nachteil. Der Turm ist nämlich dummerweise lediglich am Wochenende und an Feiertagen geöffnet, und das überdies nur in den Monaten Mai bis Oktober. Nun gut, man kann halt nicht alles haben.

Aber vielleicht kommen Sie auch an einem Wochenende oder Feiertag hierher. Da sollten Sie wegen der grandiosen Aussicht um den Turm keinen Bogen machen und Potsdam und Umgebung aus einer einzigartigen Perspektive genießen. Doch zunächst heißt es erst mal Treppensteigen. Ich habe sie nicht gezählt, aber ganz ohne den einen oder anderen Tropfen Schweiß geht es nicht. Immerhin ist der Flatowturm, der zwischen 1853 und 1856 für den späteren Kaiser Wilhelm I. gebaut wurde, 46 Meter hoch. Manchen wird das Bauwerk im neugotischen Stil irgendwie bekannt vorkommen. Tatsächlich hatte der Architekt Johann Heinrich Strack den Turm des Eschenheimer Tors in Frankfurt als Vorbild vor Augen. Bis zur obersten Aussichtsplattform passieren Sie drei Etagen, wo Sie nicht nur kurz verschnaufen, sondern auch Teile des restaurierten Originalmobiliars sowie eine Dauerausstellung über die Geschichte des Turmes besichtigen können.

Circa ab dem letzten Drittel, hier immer schön den Kopf (und Bauch) einziehen, wird die ziemlich steile Wendeltreppe enger und enger. Vor mir laufen zwei Besucherinnen, die ihre

Platzangst verzweifelt mit witzigen Bemerkungen zu kaschieren versuchen. Ich bekenne, dass auch ich, besonders kurz vor dem Erreichen der obersten Plattform, so meine Müh und Not habe. Da wüsste ich schon ganz gern einmal, ob und, wenn ja, wie oft es Ihre Majestäten bis hier oben geschafft haben. Das Aussichtsplateau entschädigt dann jedoch für alle Mühe. Falls Sie noch nie die Panoramafunktion Ihrer (Smartphone-)Kamera ausprobiert haben sollten, spätestens jetzt ist der Moment dafür gekommen – eine lohnenswertere Gelegenheit werden Sie so schnell nicht wieder finden. Zur Orientierung sind nach allen Himmelsrichtungen hin Informations-Tafeln angebracht worden, die sämtliche markanten Objekte nah und fern erklären. Das Besteigen des Turmes war beschwerlich, herunter geht es dann naturgemäß viel schneller. Nur am Rande erwähnt, aber doch gut zu wissen: Im Keller des Turmes befinden sich neuerdings sogar Toiletten.

Die meisten Besucher des Babelsberger Schlossparks bleiben leider nur auf dem Hauptweg entlang des Ufers, klagte Hartmut Dorgerloh, der Generaldirektor der Stiftung Preußische Schlösser und Gärten, einmal in einem Zeitungsinterview. Das ist natürlich schade, denn die Anlage erschließt sich einem in seiner ganzen Wirkung erst dann, wenn man sie auch als das begreift, was sie im Grunde darstellt: einen Bergpark. Erst an dieser Stelle bekommt der Besucher eine Vorstellung von der Idee, die sich hinter der Potsdamer Weltkulturerbelandschaft verbirgt: ein kunstvoll angelegtes Ensemble von Gärten entlang der Havel, die allesamt durch Sichtachsen miteinander verbunden sind. Ich laufe daher nicht zum Ufer des Tiefen Sees hinunter, sondern halte mich nordöstlich und gehe auf die Gerichtslaube zu. Dabei handelt es sich gewissermaßen um einen Berliner Export mit einer interessanten Hintergrundgeschichte. Beim Bau des bekannten Roten Rathauses an der Spandauer Straße stand der Abriss der noch aus dem Mittelalter stammenden Gerichtslaube auf der Tagesordnung. Diese Entscheidung sorgte seinerzeit in der Öffentlichkeit für heftige Kontroversen. Im Wochenblatt des Berliner Architekten-Vereins lese ich in der Ausgabe vom 26. Mai 1870: „Bekanntlich wird seit Jahren über den Abbruch oder die Erhaltung der Berliner Gerichtslaube, und zwar mit jährlich zunehmender Verbitterung gestritten; Publikum und Presse, die städtischen Behörden wie die Organe der Staatsgewalt haben für und wider Partei genommen, ja es ist sogar offenes Geheimnis, welchem mächtigen Schutze dieser so lange vergessene und plötzlich zu so seltener Popularität gelangte Rest einer fernen Vergangenheit es verdankt, wenn er bislang noch sein vielbedrohtes Leben fristen konnte." Die angedeutete Protektion kam von König Wilhelm I., der bekanntlich eine Schwäche für alles Mittelalterliche hegte. Schließlich konnten sich die Berliner doch noch auf einen die verschiedenen Gemüter besänftigenden Kompromiss einigen: Die Gerichtslaube wurde zwar abgerissen, aber Wilhelm I. zum Geschenk gemacht, der sie mit den Originalteilen im Park Babelsberg wieder aufbauen ließ.

Im Mittelalter kamen in der Gerichtslaube die öffentlichen Schöffengerichte zusammen, gleich daneben standen Galgen und Pranger. An der Außenwand befindet sich in etwa

Gerichtslaube

drei Metern Höhe noch gut sichtbar der „Kaak", eine Chimäre aus Vogel mit höhnisch grinsendem Menschenkopf und Eselsohren. Der verurteilte Übeltäter wurde unter der Figur vom Stadtbüttel angekettet und so der Schimpf und Schande der Stadtbewohner preisgegeben. Heute – ein Schelm, der Arges dabei denkt – kann man die Gerichtslaube nicht nur besichtigen, sondern auch für Trauungen buchen. Bis vor einigen Jahren stand um sie herum noch ein kunstvoll gestalteter schmiedeeiserner Zaun, der inzwischen aber entfernt wurde.

Ich gehe jetzt weiter östlich zu einem Bauwerk, das ebenfalls an Berlin denken lässt, mit dieser Stadt aber nichts zu tun hat: zur Siegessäule. Dieses Denkmal ist freilich auch um vieles kleiner und erinnert an den gewonnenen Deutschen Krieg von 1866 zwischen Preußen und Österreich. Die Orientierung im Park ist übrigens nicht so einfach, da lässt man sich am besten ganz zwanglos durch die schön gepflegte märkische Parklandschaft treiben. Die sonst üblichen Hinweisschilder wird man vergeblich suchen. Dafür gibt es Findlinge mit eingemeißelten Wegbeschreibungen. Ich halte das für keine schlechte Idee, denn sie fügen sich in die Landschaft viel harmonischer ein als die sonst üblichen blechernen oder hölzernen Hinweisschilder. Doch keine Bange, verlaufen kann man sich im Babelsberger Park nicht, dafür ist er dann doch zu klein.

Jetzt gehe ich aber trotzdem hinunter an den Uferweg, vorbei am Kleinen Schloss, welches für den Kronprinzen, den späteren Kaiser Friedrich III., gebaut wurde und in dem er noch bis nach seiner Heirat mit Victoria wohnte. Dabei handelt es sich ursprünglich um ein Gartenhaus, das zunächst um 1833 nach Entwürfen von Ludwig Persius gebaut, später im Stil der englischen Tudor-Gotik erweitert wurde. Heute lockt es als Restaurant und Cafe vorbeiflanierende Besucher an. Es ist ein schöner, warmer Frühlingstag, und da lasse auch ich mich hier gern für ein paar Minuten nieder und genieße bei einer kalten Cola den Blick auf das Havelufer. Zum Glück sitze ich mit

Kleines Schloss

dem Rücken zum Schloss, denn dessen Fassade schreit geradezu nach einem neuen Verputz.

Erfrischt setze ich meinen Spaziergang fort und gehe am Schloss Babelsberg vorbei, das als Sommersitz für den Prinzen und späteren Kaiser Wilhelm I. und seine Frau Augusta gebaut wurde. Gerade erinnert eine Sonderausstellung an den exzentrischen Weltreisenden und Gartenkünstler Hermann Fürst von Pückler-Muskau (1785–1871). Diese werde ich mir jedoch später einmal anschauen, heute möchte ich das sonnige Wetter an der frischen Luft genießen. Passend zur Ausstellung hat man nun endlich, nach immerhin sieben Jahrzehnten, das einst von Pückler-Muskau konzipierte Ensemble von Quelle, Bachlauf und Wilhelmswasserfall in Betrieb nehmen können, auch die gotische Fontäne sprudelt wieder. Diese kunstvoll angelegten Wasserspiele sind zwischen 1961 und 1989 durch die innerdeutschen Grenzbefestigungsanlagen stark beschädigt worden. Ab 2018, so lese ich in einer kleinen Informationsbroschüre, folgen noch weitere Projekte. Das Becken am Flatowturm wird dann wieder mit Wasser gefüllt sein und auch der schon seit Langem trockengelegte Große See soll geflutet werden.

Dampfmaschinenhaus

Ich erreiche das alte Dampfmaschinenhaus, erkenne aber keinen Grund, an dieser Stelle länger zu verweilen. Es befindet sich mitten im früheren Sperrgebiet, die Mauer verlief hier entlang dem Havelufer und daher hatten in dem Gebäude einst die DDR-Grenztruppen ihre Fahrzeuge abgestellt. Fast drei Jahrzehnte später bietet es noch immer einen erbärmlichen Anblick.

Ich verlasse jetzt den Park Babelsberg. Mein Weg führt mich weiter zu einem Ort, der nach dem Mauerbau 1961 für normalsterbliche DDR-Bürger ebenso zu einer Terra incognita wurde wie etwa das sogenannte „kapitalistische Ausland": Klein Glienicke.

Schloss Babelsberg

Zwischen Kapelle und Konsum – Klein Glienicke

In der ersten Hälfte des 20. Jahrhunderts war dieser Teil Potsdams noch ein gern besuchter Bade- und Ausflugsort. Doch nach der Teilung Deutschlands geriet er wegen seiner besonderen Grenzlage auf dem Westberliner Bezirk Zehlendorf ins

Abseits und konnte nur mit einem Passierschein betreten werden. Oft ist daher von einer Exklave die Rede. Pedanten werden jetzt Einspruch erheben, denn das stimmt tatsächlich nicht ganz.

Reste der Enver-Pascha-Brücke

Der Ort, der völlig auf (West-)Berliner Gebiet lag, war auch immer durch eine Brücke mit Potsdam-Babelsberg verbunden. Doch auch dies stimmt nicht völlig, denn es waren einst sogar zwei. Wenn Sie wenige Meter geradeaus auf der Lankestraße weitergehen und dann links in die Allee nach Glienicke einbiegen, werden Sie plötzlich vor einem Gitterzaun stehen. Das war nicht immer so. Klein Glienicke konnte man früher an dieser Stelle noch über eine weitere Brücke erreichen, über die Enver-Pascha-Brücke. Sie wurde nach dem osmanischen Politiker benannt, der als Militärattaché zwischen 1909 und 1911 in Klein Glienicke wohnte. Im Lauf seiner späteren Karriere wurde Enver Pascha als einer der Hauptverantwortlichen beim Völkermord an den Armeniern 1919 in Abwesenheit zum Tode verurteilt. Seine Rolle bei diesem Verbrechen fand auch in dem Roman „Die vierzig Tage des Musa Dagh" von Franz Werfel ihren literarischen Niederschlag. In den letzten Kriegstagen 1945 zerstörten Wehrmachtssoldaten in einer militärisch sinnlosen Aktion die Enver-Pascha-Brücke. Zwar gab es wenige Jahre später Pläne für einen Wiederaufbau, doch nach der Grenzschließung am 13. August 1961 verspürte die DDR aus klar ersichtlichen Gründen keinerlei Neigung, diese auch umzusetzen. Die alten Brückenköpfe sind jedenfalls noch immer auf beiden Uferseiten des Teltowkanals gut zu erkennen.

Ich gehe zurück zur Lankestraße und überquere auf der Parkbrücke den Teltowkanal, der an dieser Stelle die Glienicker Lake mit dem Griebnitzsee verbindet. Auf der rechten Seite befindet sich das Ausflugslokal „Wartmanns Café". Ich unterbreche gern meinen Spaziergang, denn eine Tafel wirbt gerade mit hausgemachtem Kuchen, und so schmeckt er auch, nämlich großartig. Zum Genuss gesellt sich Glück, im Garten wird trotz des fantastischen Wetters, wie bestellt, gerade ein gemütlicher Sonnenstuhl frei.

Ehe ich nach dem Zwischenstopp meinen Weg fortsetze, verlasse ich jedoch kurz die Lankestraße und gehe auf der

Gedenk-Stelen am Berliner Mauerweg

gegenüberliegenden Seite den kleinen Pfad hinunter zum Wasser. Wie überall entlang des „Berliner Mauerwegs" stehen auch hier Informationsstelen, die an missglückte Fluchtversuche entlang des früheren Todesstreifens erinnern. Einer von fünf an dieser Stelle war Horst Körner. Eigentlich galt der 21-Jährige als systemtreuer Polizeikader, von seinen Fluchtplänen ahnte jedenfalls niemand etwas. Am 15. November 1968 wurde er im Grenzgebiet von Klein Glienicke bei einem Fluchtversuch erschossen. Der junge Mann muss mit dem Tod gerechnet haben, denn in seiner Tasche fand sich ein Brief an die Eltern: „Ich bereite euch viel Kummer, doch glaubt mir, ich hab schon lange nicht mehr gelebt … Ehe ich mich fassen lasse, werde ich sterben." Es ist schade, dass man diese Informationsstelen so versteckt platziert hat. Viele Passanten dürften sie bei ihrem Spaziergang kaum bemerken.

Ich setze meinen Weg fort und biege auf der Waldmüllerstraße nach links ab und gehe, jetzt nicht mehr hungrig, am traditionsreichen „Bürgershof" vorbei. Das Gasthaus wurde 1873 als „Stehbierhalle mit Kegelbahn" eröffnet und zog viele Ausflügler von der nahe gelegenen Dampferhaltestelle an. Nach der deutschen Teilung war für eine solche Einrichtung im Sperrgebiet freilich kein Bedarf mehr. Mich spricht plötzlich ein älteres Ehepaar an. Das heißt, eigentlich übernimmt er das Reden, sie nickt nur immer wieder bekräftigend mit dem Kopf. Ja, ja, in den frühen 1950er-Jahren kamen sie oft noch als junge Potsdamer hierher zum Tanzen, doch die Musik spielte nicht mehr lange. Bereits nach dem niedergeschlagenen Arbeiteraufstand am 17. Juni 1953 hatte das SED-Regime die Grenzanlagen rings um Westberlin verschärft. Dem fiel auch das Gelände des „Bürgershof" zum Opfer. Mit dem Mauerbau fällten Grenzer in dem Bereich sämtliche alten Bäume und legten einen stets penibel geharkten Todesstreifen an, auf der eventuelle Fluchtspuren sofort zu erkennen waren. Jahre später sprengte man dann auch noch das Hauptgebäude. Nach der Wiedervereinigung und den damals nicht unüblichen langwierigen wie auch unerfreulichen Rechtsstreitigkeiten öffnete endlich im Sommer 2004 der „Bürgershof" wieder seine Tore.

Einige Schritte weiter bleibe ich stutzend vor einem von roten und gelben Rosenbüschen eingerahmten, hübsch sanierten Haus (Nr. 3) stehen, an dessen Fassade der Schriftzug „Konsum" ins Auge fällt. Jüngere und vor allem Besucher

Konsum-Fassade

Vorgarten von Geigenbauer Muthesius

aus den westlichen Bundesländern werden mit dem Begriff sicher nichts anzufangen wissen. Dabei handelte es sich um eine Handelsorganisation in der DDR, in deren Geschäften es seinerzeit zwar genauso viel (oder besser gesagt: genauso wenig) zu kaufen gab wie in anderen Läden, die jedoch ihre Mitglieder mit den beliebten Konsum-Rabattmarken bei der Stange zu halten versuchte. Diese Geschäfte waren in der gesamten DDR dermaßen allgegenwärtig, dass der Begriff „Konsum" (die Betonung liegt übrigens auf der ersten Silbe) in der Alltagssprache ganz allgemein für ein Lebensmittelgeschäft verwendet wurde. Nach dem Mauerbau 1961 mutierte Klein Glienicke zur „Sonder-Sicherheitszone", so der Sprachgebrauch der DDR-Grenztruppen, doch die rund 500 Bewohner mussten ja auch weiterhin ihre Milch, Butter und Brot einkaufen können, und so öffnete in diesem Wohnhaus ein Konsum-Laden seine Tore. Der ausgediente Schriftzug hat die Wende überlebt und soll wohl an die wechselvolle Geschichte des mehrteiligen Gebäudeensembles um den „Bürgershof" erinnern.

Gleich links daneben in der Waldmüllerstraße 3a hat der Geigenbauer Tilman Muthesius seine Werkstatt. Das Anwesen wirkt fast wie ein verwunschener Ort; Bäume, Sträucher,

Rasen und Hecken hat offenbar schon lange Zeit keine pflegende Gärtnerhand mehr berührt. Dass hier das Reich eines Künstlers ist, zeigt eine eigentümliche Skulptur aus Metall: ein Mann mit Geige. Tilman Muthesius restauriert alte Instrumente, widmet sich aber auch dem Nachbau kunstvoll verzierter Gamben oder Barockcelli. Seinen Auftraggebern ist dieses selten gewordene Handwerk mehrere Tausend Euro pro Instrument wert. Es leuchtet ein, dass Muthesius bei seiner schwierigen Arbeit auf Störungen Fremder gut und gern verzichten kann. Ich möchte ihn auch nicht belästigen, schaue mir deswegen lieber zu Hause auf YouTube einen kurzen, aber informativen Videoclip des TV-Senders rbb an, der einem Muthesius' Beruf näherbringt.

Ginge ich nun auf der Waldmüllerstraße geradeaus weiter, käme ich zu dem bereits auf Berliner Boden liegenden Jagdschloss Glienicke. Das lasse ich links liegen und biege rechts in die Möwenstraße ab, folge ihr ein paar Schritte und biege wiederum rechts in die Wilhelm-Leuschner-Straße ein. Hier möchte ich mir die Klein Glienicker Kapelle ansehen. Ihre Entstehung verdankt sie eigentlich einer Art Notlösung. Jahrzehntelang mussten die evangelischen Bewohner des Dorfes einen kilometerlangen Weg auf sich nehmen, um zu ihrer Kirche St. Peter und Paul auf Nikolskoe am nördlichen Steilufer der Havel

Kapelle Klein Glienicke

zu gelangen. Der sonntägliche Kirchgang war in der Winterszeit bei Schnee und Eis besonders beschwerlich, und so wurde ihnen schließlich 1880 der Bau einer „Winterkirche" im Ort genehmigt. Es entstand ein rechteckiger neugotischer Saalbau, nicht eben groß, und daher erscheint die Bezeichnung Kapelle auch angemessen. Schade, ich stehe heute vor einer verschlossenen Tür. Die Kapelle ist nur zu Gottesdiensten und Konzerten geöffnet.

Die Abriegelung der hier verlaufenen deutsch-deutschen Grenze 1961 hatte auf dieses Gotteshaus wie auf die anderen Gebäude in der Umgebung höchst unangenehme Auswirkungen. Ich habe mir das von einigen Alteingesessenen erzählen lassen. Wer in diesem Teil wohnte, musste zu jeder Tageszeit und vor allem unangemeldet den Herren vom „Grenzsicherheitskollektiv" Zutritt zur Wohnung gewähren, die überprüfen wollten, ob nicht etwa im Keller Grabungen für einen Flucht-Tunnel oder andere verdächtige Gegenstände wie Leitern oder Seile zu entdecken waren. Bis 1977 konnten in der Klein Glienicker Kapelle zwar noch Gottesdienste stattfinden, doch als bei Dachdeckerarbeiten Handwerker die Gunst der Stunde zur „Republikflucht" genutzt haben und sich später auch noch ein Orgelbauer Richtung Westen empfahl, hörten die DDR-Behörden damit auf, den lieben Gott einen guten Mann sein zu lassen, und sperrten den Zutritt. Die Kapelle verfiel zusehends, Regenwasser drang ein, Schimmel und Moder überzogen das Inventar, die Orgel wurde irreparabel beschädigt. Einer engagierten Bürgerinitiative ist es zu verdanken, dass man heute wieder staunend vor einem Kleinod märkischer Baukunst stehen kann. Zu den Gottesdiensten kommen namhafte Theologen (etwa der frühere Ratsvorsitzende der evangelischen Kirche in Deutschland, der Berliner Bischof a. D. Wolfgang Huber), aber man findet auf dem Jahresprogramm auch „abseitige" Veranstaltungen wie etwa „Von Mord, Pizza, Eifersucht und anderen Nebensächlichkeiten", womit ein Konzert für Opernfreunde und solche, die es werden wollen, gemeint ist. Weil Geld, wie

Durchgang am Friedhof

überall, auch hier knapp ist, kann, wer möchte, für 250 Euro die Klein Glienicker Kapelle für Taufen oder kirchliche Trauungen mieten.

Ich gehe auf der Wilhelm-Leuschner-Straße weiter und erreiche am Ende auf der linken Seite den mehr als 200 Jahre alten Klein Glienicker Friedhof. Endstation! Für all jene, die hier begraben sind, aber nach dem Zweiten Weltkrieg auch für die noch Lebenden. Denn selbst dieser Gottesacker lag seinerzeit im Grenzgebiet, die Mauer verlief über Gräber hinweg. Den Angehörigen, die ihre Toten besuchen und deren Grabstätten pflegen wollten, blieb folglich der Zutritt verwehrt, und so verfiel mit den Jahren auch dieser Friedhof. Heute ist von der Teilung nichts mehr zu sehen, die Friedhofsmauer ist intakt, die Wege begehbar und die Namen auf den Grabsteinen meist wieder leserlich. Nur von der „letzten Ruhe", die einem solchen Ort ja innewohnen sollte, kann weniger die Rede sein. Denn wenn Sie ein paar Schritte auf dem schmalen Durchgang rechter Hand weitergehen, sind sie auch schon auf der stark frequentierten Königstraße. Wäre da nicht eine scharfe Kurve, könnten Sie jetzt bis zur Glienicker Brücke sehen. Sie wissen schon, jene berühmte Brücke, wo im Kalten Krieg Ost und West ihre ins Netz gegangenen Agenten auszutauschen pflegten.

Hinter deutschen Wänden – das Villenviertel von Neubabelsberg

Ich kehre nun Klein Glienicke den Rücken und gehe den Weg zurück über die Parkbrücke auf die Allee nach Glienicke und biege dann links in die Karl-Marx-Straße ein. Diese Wohngegend wurde 1873 als Villenkolonie Neubabelsberg am Westufer des Griebnitzsees gegründet. „Zur Straßenseite nicht zu protzig", warnte Kaiser Wilhelm I. in seiner Order, „damit das Volk nicht unruhig wird." Tatsächlich wurden, um die befürchtete Neiddebatte gar nicht erst aufkommen zu lassen, viele Villen hinter hohen Hecken vor neugierigen Blicken versteckt. Viele, wie wir gleich sehen werden, aber längst nicht alle. Das Nobelviertel zählte bis 1945 zu den vornehmsten Adressen im Berliner Umland, und auch heute – nach Krieg, sowjetischer Besatzung und vor allem der hier unmittelbar verlaufenden Grenzziehung – möchte man das gerne glauben. Stattliche alte Bäume säumen breite Straßen, der bei vielen Grundstücken praktisch vor der Haustür liegende Griebnitzsee verströmt – zumindest bei postkartenblauem Himmel und allenthalben blühender Flora – fast schon mediterranen Flair.

Auf der linken Seite der Karl-Marx-Straße, Nr. 27, bleibe ich vor der „Stalin-Villa" stehen. In der für den Berliner

Kaufhausbesitzer Paul Herpich erbauten Villa residierte der sowjetische Generalissimus während der Potsdamer Konferenz. Zwischen 17. Juli und 2. August 1945 tagten im nicht weit entfernten Schloss Cecilienhof die Vertreter der drei Siegermächte, um unter anderem über die Neuordnung Deutschlands, die zu leistenden Reparationszahlungen und die Führung des noch andauernden Krieges im Pazifik zu konferieren. In den 1950er-Jahren, in der DDR herrschte noch der Stalinkult, erhielt das noble Haus die Weihen einer nationalen Gedenkstätte. Nach Stalins Tod und dem Bekanntwerden seiner Verbrechen nutzte die Hochschule für Film und Fernsehen der DDR das Gebäude. Lothar Bisky, der spätere Vorsitzende von PDS und Linkspartei, hatte hier als Hochschul-Rektor sein Büro. Heute geht es an diesem Ort weit profaner zu: Ein Schild am Eingangstor listet eine lange Reihe von Industriegesellschaften und diversen Geschäftsstellen auf. Das mag auch erklären, warum die Villa heute mit ihrer grauen Fassade und den spärlichen Grünanlagen keinen besonders imponierenden Eindruck mehr macht. Aber wie schaut es innen aus? Sind noch Spuren des früheren Besitzers Herpich

Stalin-Villa

zu sehen? Einfach klingeln und um Einlass bitten, das geht natürlich nicht. Aber ich habe Glück. Der diesjährige „Tag des offenen Denkmals" in Potsdam konzentriert sich auf die alten Villen in Neubabelsberg. Auch die Stalin-Villa öffnet an diesem zweiten Sonntag im September erstmals ihre Tore. Ich nutze die unerwartete Gelegenheit und bin ... enttäuscht. Denn von dem einstigen originalen Mobiliar haben nur das wuchtige Büfett samt Wandvertäfelung im Esszimmer sowie zwei kleinere Anrichten überlebt.

Ich gehe ein paar Schritte weiter und halte vor der Nummer 25. In diesem schmucken Landhaus wohnte früher die Schwester von Henning von Tresckow, Marie-Agnes von Arnim. Ihr Bruder, der Wehrmachtsgeneral, war eine der Führungsfiguren im militärischen Widerstand gegen das NS-Regime. In diesem Haus versammelten sich die Verschwörer zu ihren konspirativen Sitzungen, hier wurde auch jene Bombe zusammengebaut, mit der Claus Schenk Graf von Stauffenberg am 20. Juli 1944 Hitler in der Wolfsschanze zu töten versuchte. Das Attentat misslang bekanntlich, Henning von Tresckow nahm sich daraufhin an der Ostfront das Leben. Zunächst hielt man ihn für

Wohnhaus der Schwester von Henning von Tresckow

das Opfer eines Partisanenangriffs, dann wurde seine Leiche exhumiert und im Konzentrationslager Sachsenhausen vor den Augen von Mitverschwörern verbrannt. Heute erinnert an ihn ein Gedenkstein auf dem Bornstedter Friedhof in Potsdam. Auch seine Schwester, vor deren Haus wir hier stehen, erlitt ein tragisches Ende. Sie beging mit Mann und elfjähriger Tochter am 3. Mai 1945 Selbstmord, allerdings nicht auf Druck der Nazis, sondern aus Furcht vor der heranrückenden Roten Armee.

Mein Weg führt mich weiter an der Behringstraße vorbei bis zum Johann-Strauss-Platz. Gleich am Ende des kleinen Platzes fällt mir ein hohes, gerade renoviertes Gebäude ins Auge, das früher einmal das Rathaus von Neubabelsberg war und nach einer Zwischennutzung als Musikschule heute mehreren Wohnungen Platz bietet. Auf alten Fotografien aus der ersten Hälfte des 20. Jahrhunderts sieht man auf dem kleinen Platz davor einen Heldengedenkstein, der an die Toten des Ersten Weltkriegs erinnert. Dieser war den Nazis allerdings nicht heldenhaft genug geraten, also ließen sie ihn entfernen, überdies verlor 1938 das Rathaus seine Funktion nach der Zusammenlegung von Nowawes und Neubabelsberg zu dem heutigen Babelsberg.

Gegenüber dem ehemaligen Rathaus bleibe ich vor der Nummer 11 stehen. Diese so modern wirkende Villa im Landhausstil gehörte einst dem Seidenfabrikanten Hans Gugenheim. Der jüdische Industrielle musste Deutschland verlassen, nach seiner Emigration zog der Ufa-Star Brigitte Horney ein. Eine interessante Randnotiz: In dem Haus wohnte vorübergehend als Gast auch Erich Kästner. Der Schriftsteller war bei den Nazis in Ungnade gefallen, sie hatten bereits 1933 seine Bücher auf dem Berliner Opernplatz und in anderen Universitätsstädten verbrannt und ihn danach mit einem Schreibverbot belegt. Trotzdem konnte er – unter dem Pseudonym Berthold Bürger – hier an dem Drehbuch für „Münchhausen" arbeiten. Die Aufnahmen für den Abenteuerfilm begannen

1942 gewissermaßen gleich um die Ecke, in den Babelsberger Filmstudios. Ein großes Staraufgebot, viele für die damalige Zeit spektakuläre Spezialeffekte sowie das neue Agfacolor-Filmmaterial schlugen mit knapp sieben Millionen Reichsmark zu Buche, und das mitten im Krieg. Kästners Gastgeberin ist darin übrigens in der Rolle der Zarin Katharina II. zu sehen.

Wenn ich diese tolle Villa mit dem sorgsam gepflegten Garten anschaue, mag ich kaum glauben, dass auch dieser Ort einmal Schauplatz der Hausbesetzerszene gewesen ist. Denn damit assoziiere ich eigentlich eher die stets auf Krawall gebürsteten linken Autonomen in den dafür berüchtigten Berliner Stadtbezirken Kreuzberg oder Neukölln. Doch Mitte der 1990er-Jahre besetzten eine Handvoll Schüler und Studenten die Villa Gugenheim und wussten geschickt die sich ewig hinziehenden Streitigkeiten zwischen den verschiedenen Erbengemeinschaften für ihr „Bleiberecht" auszunutzen. Von alldem ist heute nichts mehr zu erkennen. Lediglich am schmiedeeisernen Eingangstor können Sie noch die kunstvoll miteinander verschlungenen Initialen „HG" erkennen, die dezent auf den ersten Bewohner hinweisen.

Villa Gugenheim

Wohnhaus Hans Marchwitza

Etwas auskunftsfreudiger erweist sich die nächste Station meines Spazierganges. Ich gehe nur wenige Schritte weiter und gelange auf die Rosa-Luxemburg-Straße. Gleich gegenüber an dem rot verputzten Haus Nr. 27 erinnert eine Gedenktafel an dessen früheren prominenten Bewohner: Hans Marchwitza, „Kommunist und Arbeiterschriftsteller", der hier von 1956 bis 1965 wohnte und arbeitete. Hans Marchwitza war in der DDR ein hochgeehrter Autor, populär bei der lesenden Bevölkerung war er ganz sicher nicht. Seine Romane erfüllten die von den Kulturfunktionären immer wieder aufs Neue gepredigten Prinzipien des „sozialistischen Realismus": also die Gestaltung des Alltags des werktätigen Volkes aus einer klassenbewussten Perspektive. Eigentlich ist es ja kein schlechtes Zeichen, wenn man sich an seine Schulzeit erinnert. Aber mir sträuben sich heute noch die Nackenhaare bei dem Gedanken an diese Art von Pflichtlektüre, die bei uns Schülern nur auf Gähnen und Widerwillen stieß. Keine Buchhandlung führt mehr Marchwitzas systemkonforme Arbeiterromane, in den Bibliotheken hält man sie lediglich noch in den Magazinen bereit. Es dürfte daher auch niemanden wundern, dass man den Namen des Potsdamer Ehrenbürgers Marchwitza, bis auf eine einzige

Wohnhaus Adolph L'Arronge

Ausnahme, inzwischen längst auch von sämtlichen Straßen, Plätzen und Kultureinrichtungen entfernt hat. In dem Haus gleich rechts nebenan wohnte mit Eduard Claudius ein weiterer Vorzeige-Schriftsteller des Arbeiter-und-Bauern-Staates. Marchwitza und Claudius waren, wen wundert's, eng befreundet, doch ihre Freundschaft wurde durch eine hässliche Fehde der Ehefrauen getrübt. Den Nationalpreisträger Claudius hielt es deshalb nicht länger in Babelsberg, er zog es vor, sich trotz seines doch schon hohen Alters noch ein eigenes Haus im Finkenweg in der Templiner Vorstadt zu bauen.

Ich gehe die Rosa-Luxemburg-Straße weiter hinunter, biege links in die Sauerbruchstraße ein, überquere die Karl-Marx-Straße und bleibe kurz vor dem Landhaus (Nr. 43) stehen. Bereits seit längerer Zeit weist ein Schild die Villa zum Verkauf aus. Merkwürdig, warum sollte sich denn dafür kein Käufer finden? Erster Bewohner war der Theaterdirektor, Kritiker und Schriftsteller Adolph L'Arronge (1838–1908), ihm folgte der Bankier Jakob Goldschmidt. Unter den Nationalsozialisten wurde die repräsentative Villa zu einer ihrer beiden „Reichsführerinnenschulen" des BDM (Bund Deutscher Mädel), der weiblichen Unterabteilung der Hitlerjugend. Ich setze meinen Spaziergang fort und gehe auf der Virchowstraße weiter bis zur Hausnummer 23. Bei der Potsdamer Konferenz wird ja auch immer von den „Großen Drei" gesprochen, zwei davon fehlen uns noch. Die Villa, die sich der Bankier Franz Urbig von dem damals noch unbekannten Architekten Ludwig Mies van der Rohe im neoklassizistischen Baustil errichten ließ, beeindruckt einerseits durch ihre Größe und die hohen französischen Fenster, andererseits hinterlässt sie wiederum einen eher strengen, nüchternen Eindruck. Im Sommer 1945 musste die Familie Urbig über Nacht ihre Sachen packen, um Platz für Winston Churchill zu machen. Nach seiner Wahlniederlage musste aber auch er das Haus räumen, es zog für die verbleibenden Konferenztage sein Nachfolger im Amt des britischen Premierministers, Clement Attlee, ein.

Es überrascht mich nicht, am Tor kein Namensschild zu entdecken, aber hier soll Hasso Plattner wohnen oder besser wohl: residieren. Dem Mitbegründer des Softwareunternehmens SAP verdankt Potsdam sehr viel. Der Milliardär hat nicht nur mit dem Institut, das seinen Namen trägt, den Wissenschaftsstandort Potsdam nachhaltig gefördert. Als Mäzen spendete er auch viele Millionen Euro für den Wiederaufbau des Stadtschlosses und, als jüngstes Beispiel, stiftete er der

Churchill-Villa

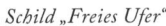

Schild „Freies Ufer"

Stadt das Museum Barberini am Alten Markt, ein Engagement, von dem auch die überregionale Presse in höchsten Tönen berichtet hat.

Immer wieder bemerke ich in dieser Gegend verschieden gestaltete Schilder an den Gartenzäunen oder Hausfassaden, die allesamt ein „Freies Ufer" fordern. Was hat es damit auf sich? Ich schaue mich um, kann aber niemanden entdecken außer einem Pärchen, das hier offensichtlich auch nicht zu Hause ist, sondern immer wieder staunend vor den prächtigen Wohnhäusern stehen bleibt. Dann bemerke ich aber doch einen älteren Herrn, der in seinem Garten gerade Unkraut jätet. Er erklärt mir, dass nach dem Fall der Mauer 1989 auch der ehemalige Patrouillenweg der DDR-Grenzer entlang des Griebnitzsees über Nacht für jedermann frei zugänglich wurde. Diese plötzliche Freiheit sollte aber nicht lange währen. Denn der einstige Mauerstreifen war im Besitz der Bundesrepublik Deutschland, die einige Ufergrundstücke an Privatpersonen verkaufte. Bei diesem seit so vielen Jahren schwelenden Streit treffen also zwei Positionen aufeinander, für die ich mir eigentlich keine Kompromisslösung vorstellen kann. Die einen wollen von ihrem Grundstück einen ungestörten Blick und Zugang zum See, die anderen wollen wiederum einen freien Uferweg für alle Fußgänger, Jogger und Radfahrer. Der „Kalte Krieg am Griebnitzsee" hat

Potsdam bundesweit einige Negativschlagzeilen eingebrockt. Mir scheinen allerdings beide Seiten gleichermaßen nachvollziehbare Argumente ins Feld zu führen. Die Stadt Potsdam verabschiedete 2016 einen Bebauungsplan, der mich fast schon an die Quadratur des Kreises erinnert, denn er sieht sowohl einen durchgehenden Uferweg wie auch die Möglichkeit zur Errichtung privater Stege und Bootshäuser vor. Viele Anrainer können sich mit dieser Entscheidung überhaupt nicht anfreunden und versuchen, den Plan durch langwierige Prozesse doch noch zu kippen. Und nicht zuletzt schwebt drohend über alldem noch als juristisch letzte Alternative ein Enteignungsverfahren. Sicher, auf dem Schutz des Eigentums basiert unsere freiheitliche Gesellschaftsordnung. Aber heißt es nicht im Grundgesetz an einer Stelle auch, dass Eigentum verpflichtet und nicht dem Wohl der Allgemeinheit im Wege stehen darf? Ich jedenfalls bin gespannt, wann – und vor allem wie – dieser Streit wohl ausgehen wird.

Ich spaziere an einigen Grundstücken auf der Virchowstraße entlang weiter. Jetzt endlich führt ein schmaler Weg links zum Griebnitzsee hinunter. Die Gelegenheit, sich selbst ein Bild zu machen. Ein paar Schritte weiter steht sogar eine kleine Bank, die aber

Weg zum Griebnitzsee

soll wohl nur zum kurzen Ausruhen dienen, denn dummerweise versperrt genau an dieser Stelle ein riesiger Baum die Sicht auf den See. Ich gehe bis an das Ufer weiter und sehe und verstehe nun, was die Initiative „Freies Ufer" so auf die Palme bringt. Während ich rechter Hand, wenn ich es denn wollte, nach Herzenslust am See entlang flanieren könnte, versperrt mir links ein Zaun das Weiterkommen, dahinter befindet sich eine Anlegestelle mit teuren Motorjachten.

Ich gehe zurück auf die Virchowstraße bis zu deren Einmündung in die Karl-Marx-Straße. Da fällt sofort ein herrschaftliches Wohnhaus mit riesigem Anwesen auf, das nicht ohne Grund gleich die Hausnummern 1 bis 5 für sich beansprucht. Hier lebte der Großindustrielle Günther Quandt. Als Textilunternehmer avancierte Quandt bereits im Ersten Weltkrieg zum Hauptlieferanten der Armee. Im Dritten Reich spielte er im Rüstungsgeschäft ebenfalls eine große Rolle und profitierte zudem von der „Arisierung" jüdischer Konkurrenten. Quandt war ab 1920 in zweiter Ehe mit Magda Ritschel alias Behrendt, späterer Ehefrau von Reichspropagandaminister Joseph Goebbels, verheiratet. Sie ließen sich bereits 1929 wieder scheiden, aus der Ehe ging der gemeinsame Sohn Harald Quandt hervor.

Anwesen von Quandt

Ufa-Gästehaus

Während Madga Goeb-
bels also am 1. Mai 1945
im „Führerbunker" ihre
sechs gemeinsamen Kin-
der mit Joseph Goeb-
bels erst vergiftete und
dann Selbstmord beging,
überlebte als einziges ih-
rer Kinder Sohn Harald den nationalsozialistischen Wahn und
kam 1967 bei einem Flugzeugabsturz ungeklärter Ursache ums
Leben.

Von einer völlig anderen Bauart, nämlich vom englischen
Tudorstil inspiriert, ist schräg gegenüber auf der Karl-Marx-
Straße 66 die Villa Lademann. Wegen ihrer Türmchen und
des Zinnenkranzes ist sie auch unter dem Namen Lilienthal-
Burg bekannt, benannt nach dem Architekten Gustav Lilienthal, dem Bruder des etwas berühmteren Flugpioniers Otto
Lilienthal. Die Villa diente später als Ufa-Gästehaus, Stars
wie Marlene Dietrich, Heinz Rühmann und weitere Darsteller
wohnten hier, wenn sie in den nahe gelegenen Filmstudios vor
der Kamera standen.

Ich gehe auf der Karl-Marx-Straße einige Meter weiter
und erreiche den Hiroshima-Nagasaki-Platz. Straßen und
Plätze, die an den Abwurf der ersten amerikanischen Atombomben am 6. und 9. August 1945 auf Japan erinnern, gibt
es in vielen Ländern der Welt. An diesem Ort hat die Na-
mensgebung jedoch eine ganz besondere Berechtigung. Denn

Truman-Villa

gleich gegenüber auf der anderen Straßenseite steht die Truman-Villa. Das Gebäude wird zuweilen auch sinnigerweise „Little White House" genannt. Gehen Sie ruhig einmal um das Haus herum. Ein kleiner Weg führt an diesem Grundstück vorbei und erlaubt so ausnahmsweise einen Blick auf die Rückseite vom Griebnitzsee. Hier residierte während der Potsdamer Konferenz der amerikanische Präsident Harry S. Truman, und von hier aus gab er auch den Befehl zum Einsatz der neuartigen Atombomben. In sein Tagebuch notierte der Präsident, er habe den Kriegsminister Henry L. Stimson angewiesen, „die Bombe so zu benutzen, dass militärische Anlagen, Soldaten und Seeleute die Ziele sind, nicht Frauen und Kinder". Weiter schrieb er: „Auch wenn die Japaner wild, ruchlos, unbarmherzig und fanatisch sind – wir als Führer der freien Welt können diese furchtbare Waffe nicht auf die alte Hauptstadt abwerfen oder auf die neue." Zudem beabsichtigten die Amerikaner, nachdem sie Japan schon mehrfach zur bedingungslosen Kapitulation aufgefordert hatten, vor dem Abwurf noch eine unmissverständliche Warnung auszusprechen. Aber weder Hiroshima noch Nagasaki waren „rein militärische" Ziele. Zwar befanden sich in den beiden Städten wichtige Rüstungsbetriebe, der zivile Anteil musste aber wie in jeder anderen Stadt überwiegen.

Nun ist ja bekannt, dass sämtliche Schriftstücke, die ein amerikanischer Präsident während seiner Amtszeit anfertigt, Eigentum der Vereinigten Staaten sind und später auch der Öffentlichkeit zugänglich gemacht werden müssen. Da liegt der Schluss nahe, dass Trumans Notizen weniger der Realität als vielmehr seinem Ansehen in der Nachwelt galten. Historiker und Militärwissenschaftler streiten sich jedenfalls noch immer darüber, ob seine Entscheidung berechtigt war und den Krieg im Pazifik tatsächlich verkürzt hat. Sicher ist nur, dass dabei um die 100 000 Menschen auf fürchterliche Weise sofort den Tod fanden, von den vielen mittelbaren Opfern ganz zu schweigen. Heute nutzt das Gebäude die der FDP nahestehende Friedrich-Naumann-Stiftung für ihre politische Bildungsarbeit. Auf dem kleinen Platz davor erinnert unter anderem eine Gedenkplatte an den Abwurf der Bomben auf Hiroshima und Nagasaki. Darin hat ein Künstler Steine eingefügt, die an jenen beiden Tagen im August 1945 atomar verstrahlt worden sind.

Ich gehe jetzt die Karl-Marx-Straße zurück, biege links in die Domstraße ein und gelange an die Kreuzung von Dom-, Robert-Koch- und Rosa-Luxemburg-Straße. An dieser Stelle werden sich manche Besucher, die nicht mit den aktuellsten Karten unterwegs sind, wohl verdutzt die Augen reiben. Ein blitzblankes und offensichtlich nagelneues Straßenschild verrät uns, dass wir vor dem Konrad-Adenauer-Platz stehen. Mir selbst verschlägt es die Sprache. Diese kleine, kümmerliche Rasenfläche, auf der sich abgesehen von einem neu gepflanzten Bäumchen nur ein paar Abfallcontainer für Glas und Altkleider befinden, soll nun endlich auch in Potsdam an den Gründungskanzler der Bundesrepublik Deutschland erinnern?

Bei der Feierstunde am 19. April 2017, pünktlich zum 50. Todestag des CDU-Politikers, weihte Oberbürgermeister Jann

Jakobs (SPD) zusammen mit einer Handvoll lokaler Politprominenz den neuen Platz ein. Diesem Ereignis ging ein unbegreiflich langer Streit voraus. Die Potsdamer CDU wollte schon seit über einem Jahrzehnt mit einer Straße oder einem Platz an Konrad Adenauer erinnern. Der frühere brandenburgische Innenminister Jörg Schönbohm (CDU), flankiert von damals zum Teil recht gehässigen Leserbriefen, regte an, die Rosa-Luxemburg-Straße, oder zumindest doch deren Beginn zwischen Dom- und Hermann-Maaß-Straße, umzubenennen. Bei den Politikern der Partei „Die Linke" stieß dieses Ansinnen kaum überraschend auf wenig Gegenliebe. Doch nun hatten sich nach langem, zermürbendem Hickhack die Stadtoberen endlich auf einen Ort geeinigt.

Warum gerade an dieser Stelle? Nach der Machtübernahme der Nationalsozialisten 1933 wurde Adenauer als Oberbürgermeister Kölns entlassen. Er hatte sich geweigert, den für eine Wahlkampfrede angereisten Reichskanzler Adolf Hitler zu empfangen, und zuvor die Hakenkreuzfahnen von einer Rhein-Brücke entfernen lassen. Adenauer siedelte kurze Zeit später nach Potsdam um, wo er in der Augustastraße 40, wie die Rosa-Luxemburg-Straße vor 1945 hieß, ein Haus für 400 Reichsmark mietete. Der konservative Politiker der

Zentrumspartei hatte mit den Nazis nichts am Hut. Er wurde im Dritten Reich mehrfach verhaftet, so auch am 30. Juni 1934 im Zuge des sogenannten „Röhm-Putsches". Dieser auch als „Nacht der langen Messer" bezeichneten Säuberungswelle fielen keineswegs nur unbequeme SA-Führer zum Opfer, auch der letzte Reichskanzler der Weimarer Republik, Kurt von Schleicher, wurde zusammen mit seiner Frau in ihrer Neubabelsberger Villa ermordet. Adenauer dagegen hatte Glück, nach mehreren Tagen konnte er das Gestapogefängnis wieder verlassen.

Adenauer sollte es während seines kurzen Aufenthalts in Potsdam aber auch noch mit ganz gewöhnlichen Kriminellen zu tun bekommen. Am 16. Juli 1934 klagte er seinem Vermieter: „Vor einigen Tagen ist abends zwischen 10 und 11 Uhr ein Dieb mittels einer großen Leiter, die er sich von dem Nachbargrundstück Vittorius geholt hat, in unser Schlafzimmer auf der ersten Etage eingestiegen und hat für etwa 5000 Mark Schmuck gestohlen. Wir waren alle im Hause, haben aber nichts gemerkt." Unerfreuliche Erfahrungen musste der Rheinländer auch in der Reichshauptstadt machen. Seine Versuche, in Berlin beruflich Fuß zu fassen, schlugen fehl, und so dürfte die Familie Adenauer ihren Abstecher ins Herz Preußens sicherlich in schlechter Erinnerung behalten haben. Noch vor dem offiziellen Ende des Zweiten Weltkrieges wurde er am 4. Mai 1945 von der amerikanischen Militärregierung wieder als Oberbürgermeister von Köln eingesetzt, den größeren Karrieresprung sollte er dann vier Jahre später machen, als man ihn zum ersten Kanzler der neu gegründeten Bundesrepublik Deutschland wählte. Gewiss, man mag manchen seiner politischen Entscheidungen durchaus kritisch gegenüberstehen, der so mickrig wirkende Konrad-Adenauer-Platz in Potsdam wird aber seiner historischen Bedeutung und Lebensleistung nicht gerecht.

Gleich vis-à-vis dem Platz, in der Domstraße 28, wohnte bis Kriegsende die Schauspielerin Marika Rökk. Auch dieses

zweigeschossige Haus, das relativ bescheiden wirkt, musste zuvor von seinem jüdischen Besitzer, dem erfolgreichen Filmproduzenten und Regisseur Alfred Zeisler, unfreiwillig geräumt werden. 1983 kehrte er noch einmal anlässlich der Berlinale in seine alte Heimat zurück und erinnerte dabei an die Umstände seiner Vertreibung: „Das Haus ist mir einfach weggestohlen worden. Ich habe keinen Pfennig dafür gesehen, meine ganzen Bücher und Kunstgegenstände, alles habe ich verloren." Die Profiteure seiner Vertreibung hätten als Erstes in seinem Haus ein großes Hitler-Bild aufgehängt. Während Alfred Zeisler wie andere Emigranten in den USA beruflich nicht Fuß fassen konnte und dort von Sozialhilfe leben musste, machte Marika Rökk als begeisterte Hitler-Anhängerin und Duzfreundin vieler Nazi-Größen Karriere. Sie erhielt deswegen nach Kriegsende sogar ein vorübergehendes Berufsverbot. Umso überraschter war ich vor wenigen Monaten, als ich in den Zeitungen las, dass der einstige Star des NS-Revuefilms eine Spionin der Sowjetunion gewesen sein soll.

Bei dieser Gelegenheit fällt mir plötzlich auf, dass mir etwas *nicht* aufgefallen ist: nämlich jene Stolpersteine aus Messing, die in vielen Orten Deutschlands, sowie mittlerweile auch in ganz Europa, an die NS-Verbrechen gegen die jüdische Bevölkerung erinnern. Gerade in diesem Teil Babelsbergs müsste man ihnen doch buchstäblich auf Schritt und Tritt begegnen, waren hier doch sehr viele, keineswegs immer nur berühmte jüdische Bürger zu Hause. Ich habe auf meinem Spaziergang lediglich vor dem Haus in der Karl-Marx-Straße 8 Gedenktafeln entdecken können. Sie erinnern an die Familie Kauf. Eltern und Tochter wurden 1943 nach Theresienstadt deportiert, sie alle starben dort noch im selben Jahr. Tatsächlich gibt es in Potsdam nur um die 30 solcher Stolpersteine – was mir immer viel zu wenig vorkommt. Waren die jüdischen Bewohner von Neubabelsberg weitsichtiger als andere und haben Nazi-Deutschland noch rechtzeitig vor den Deportationswellen in die Konzentrationslager und Ghettos in Polen verlassen können? Oder fehlt der noblen Villengegend einfach nur das nötige Geschichtsbewusstsein?

Für heute habe ich genug gesehen. Um den ersten Spaziergang in einem meiner Potsdamer Lieblingsrestaurants ausklingen zu lassen, gehe ich zurück zum Hiroschima-Nagasaki-Platz, überquere die Rudolf-Breitscheid-Straße und freue mich, dass ich auf der Terrasse des „Piazza Toscana" noch einen freien Platz entdecke. Italienische Lokale gibt es in Potsdam zwar nicht gerade wie Sand am Mittelmeer, aber man muss auch nicht unbedingt lange nach einem Ristorante suchen. Mich zieht es jedoch, wenn mir der Sinn nach einer original italienischen Pizza steht, immer wieder nach Babelsberg. Im „Piazza Toscana" mit seinem rustikalen Ambiente geht es, etwa im Vergleich zu der gestylten „L'Osteria" gegenüber vom Stadtschloss, verhältnismäßig ruhig und ohne Schickimicki-Allüren zu. Man trifft hier auf ein durchwegs gemischtes Publikum: Touristen, Geschäftsleute, Studenten, ganz „normale" Potsdamer und natürlich auch so manchen Promi. Diese sind für die Gastronomen um Gründer und Mitinhaber Giorgio Cuccia jedoch kein Anlass zur Selbstbeweihräucherung. Man kennt das ja aus anderen Gourmettempeln, wo die dort verkehrenden Zelebritäten gern an den Wänden prahlerisch verewigt werden. Ein solcher Kult mit den großen Namen aus Unterhaltung, Kultur und Politik wird im „Piazza Toscana" zum Glück aber nicht getrieben.

Meine unangefochtene Nummer eins auf der Speisekarte ist nach wie vor die Steinofen-Pizza „Siena". Diese kommt mit der obligatorischen Tomatensauce, Mozzarella, Artischocken, Champignons, Oliven, Schinken und Salami auf den Tisch. Dafür berechnet der Wirt gerade einmal 9,50 Euro. Ein Preis-Leistungs-Verhältnis, bei dem es nichts zu meckern gibt und einem das Wiederkommen leicht macht. Ach ja, in diesem Haus, das übrigens außer Heiligabend an jedem Tag des Jahres geöffnet ist, befand sich zu DDR-Zeiten auch einmal ein „Konsum". Sie erinnern sich, dieser Einkaufsladen mit der Betonung auf der ersten Silbe.

Suppe von grünen Erbsen mit Havelkrebsen

Diese grünen Hülsenfrüchte kamen schon bei Friedrich II. auf den Tisch – und die Krebse tatsächlich aus der Havel.

Zutaten für 4 Personen
½ Bund Lauchzwiebeln
300 g Erbsen (tiefgekühlt)
50 g Butter
50 g Crème fraîche
30 g Mehl
10 g Zitronenmelisse
1 l Brühe
8 gekochte Havelschwänze
Salz
Pfeffer
Zucker

Zubereitung
Lauchzwiebeln waschen, in Streifen schneiden und in der Butter andünsten. Mit Mehl zu einer Schwitze anrühren. Mit Brühe aufgießen und zum Kochen bringen. Erbsen hinzufügen, circa 5 Minuten bei kleiner Hitze kochen. Pürieren, durch ein Sieb passieren und mit Salz, Pfeffer und Zucker nach Belieben abschmecken. Zitronenmelisse waschen und hacken. Die Suppe anrichten, mit Crème fraîche, den Havelschwänzen und der gehackten Zitronenmelisse garnieren.

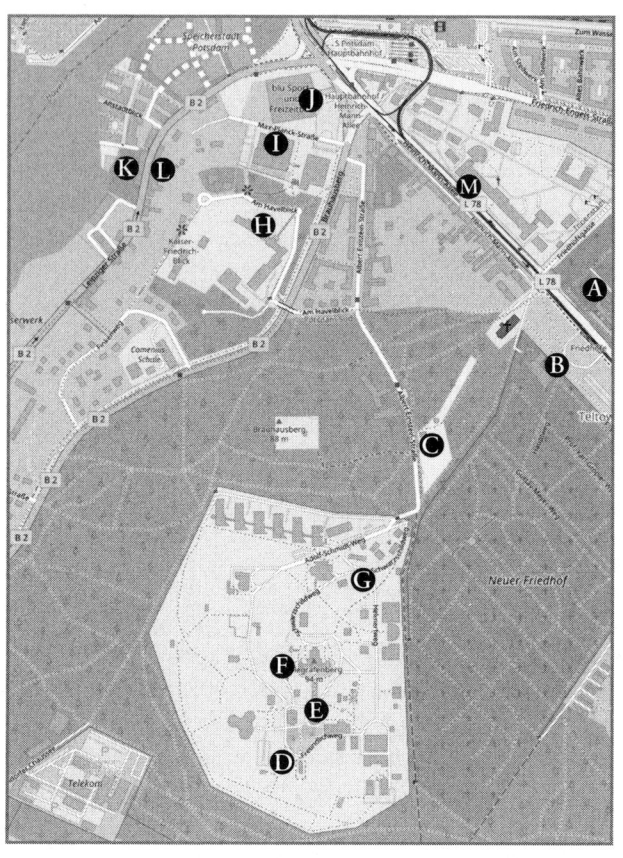

A **Alter Friedhof**
B **Neuer Friedhof**
C **Abenteuerpark**
D **Einsteinturm**
E **Großer Fefraktor**
F **Michelson-Haus**
G **Café Freundlich**

H **„Kreml"**
I **Café Minsk**
J **blue**
K **Persiusspeicher**
L **„Archiv"**
M **Staatskanzlei**

Zweiter Spaziergang

Teltower Vorstadt – Telegrafenberg

Ein Telegramm an die Toten –
Alter und Neuer Friedhof

Bei meinem zweiten Spaziergang zieht es mich heute hoch hinaus. Nun ja, hoch zumindest für Potsdamer Verhältnisse. Der Telegrafenberg ist mein Hauptziel, er erhebt sich knapp einhundert Meter über dem Meeresspiegel. Ich nehme diesmal die Tram und fahre bis zur Haltestelle Friedhöfe auf der Heinrich-Mann-Allee. Wie der Plural es bereits verrät, befinden sich hier gleich zwei davon: der Alte und der Neue Friedhof. Ehe ich auf den Berg hinaufgehe, nutze ich die Gelegenheit und schaue mich zunächst auf den beiden Friedhöfen um.

Viele Friedhöfe in Europa sind ja wahre Touristenattraktionen, wie, um jetzt nur ein paar zu nennen, der Cimetière du Père-Lachaise in Paris oder der Wiener Zentralfriedhof. Mit der großen Zahl der dort bestatteten Prominenten können die beiden Potsdamer Pendants freilich nicht mithalten, auch nicht mit den vielen pompösen, künstlerisch oftmals beeindruckenden Ruhestätten, wie etwa das berühmte von Jacob Epstein gestaltete Grab Oscar Wildes in der Seine-Metropole. Aber der alte Potsdamer Gottesacker kann immerhin mit einem Unikum punkten. Ich betrete das Gelände durch den Haupteingang. Das blassrosafarbene Verwaltungsgebäude

Glockenturm

gleich gegenüber zieht sofort die Blicke auf sich und macht dabei so gar nicht den Eindruck einer für diese Zwecke sonst üblichen Einrichtung. Kein Wunder, denn bei dem klassizistischen Bau handelt es sich eigentlich um die 1851 eingeweihte Friedhofskapelle. Das Geld dafür kam von dem Potsdamer Kaufmann August Friedrich Eisenhart. Er hatte sich während der napoleonischen Kontinentalsperre als cleverer Spekulant eine goldene Nase verdient, doch anders als viele andere Neureiche stiftete er die Hälfte des so erworbenen Vermögens seiner Heimatstadt für gemeinnützige Zwecke. Achten Sie hier einmal auf den Giebel des Gebäudes. Das Relief stammt von dem Bildhauer Friedrich Wilhelm Koch, ebenfalls ein berühmter Sohn der Stadt, den wir gleich später auf dem Neuen Friedhof wieder begegnen werden – oder zumindest seinem Grab. Ich biege nach rechts ab, passiere das Denkmal für die Krieger von 1813 und gehe den geraden Weg auf den Glockenturm zu. Bei diesem Bauwerk wird sich sicher niemand den Kopf verrenken müssen, dazu ist es nicht hoch genug. Aber im Inneren verbirgt sich etwas Originelles, nämlich ein manuelles Glockenspiel, was man nirgendwo sonst auf einem Friedhof in ganz Deutschland hören kann. Die Glocken stammen aus dem Jahr 1984. In der DDR herrschte seinerzeit bekanntlich Mangelwirtschaft, Rohstoffe waren allenthalben knapp. Doch Not macht erfinderisch, heißt es. Nicht selten mit erstaunlichen Ergebnissen. Ob man nun beim „DDR-Volkswagen", dem Trabant, das fehlende Metall durch Kunststoffe oder den nur mit Devisen zu bekommenden Kakao in Schokoladenprodukten durch halbwegs ähnliche Stoffe ersetzte – irgendwie fanden findige Erfinder immer einen Weg. Im Improvisieren waren die DDR-Bürger Weltmeister. Der Trabi wurde Kult, die „Schokolade" eher nicht. Für den Guss des 24-teiligen Glockenspiels fehlte damals das nötige Zinn, doch wer sagt denn, dass Glocken nicht auch ohne Zinn gut klingen können? Also machte man auch hier aus der Not eine Tugend und stellte halt eine zinnfreie Legierung her. Um zu hören, wie das klingt, muss man allerdings etwas Glück haben. Ich frage Gunther Butzmann, den für die Friedhöfe zuständigen Bereichsleiter in der Potsdamer Stadtverwaltung, zu welchen Zeiten man sich dafür im Friedhof einfinden darf: „Zum Erklingen des Glockenspiels gibt es keine festen Termine. Sollte es bei einer Beisetzung auf dem Alten Friedhof gewünscht werden, kann es in Betrieb genommen werden. Ansonsten haben wir in der Zeit vor Totensonntag einen Berliner Kirchenmusiker, der

Säule für Eleonore Prochaska

darauf spielt. Leider kennen wir jedoch nur sehr wenige Musiker, die die manuellen Fuß- und Handtasten beherrschen." Das kann ich mir allerdings gut vorstellen. Denn ein solcher Organist muss nicht nur die erwähnten Fuß- und Handtasten bedienen können, er sollte überdies auch nicht unter Platzangst leiden und zudem noch sehr beweglich sein, um sich in den engen Turm hineinzuzwängen und dort an den Seilen zu ziehen. Nun, das muss ich mir unbedingt einmal ansehen und vor allem anhören. Ich werde mir den nächsten Totensonntag in meinem Kalender vormerken.

Vom Rondell mit dem Glockenturm führen vier Wege ab, ich schlage den Weg nach links ein. Er führt mich zu Eleonore Prochaska. Bereits vor zwei Jahrhunderten hatte dieses Potsdamer Dienstmädchen die heute heftig diskutierte Frage der Geschlechterrollen auf ihre – um jetzt nicht nur grammatikalisch korrekt zu bleiben – oder seine Weise beantwort: Fräulein Prochaska zog nämlich kurzerhand ihre Mädchenkleider aus und als „August Renz" verkleidet in den Befreiungskrieg gegen Napoleon. Die letzte Ruhestätte dieser Potsdamer Jeanne d'Arc befindet sich allerdings im niedersächsischen Dannenberg, wo sie 1813 schwer verwundet starb. Daher kann eigentlich auch nicht von Grabschändern, sondern eher von Kunsträubern die Rede sein, die sich 1994 an dieser Stelle zu schaffen machten. Unbekannte hatten es bei einem nächtlichen Besuch auf den eisernen Adler der Säule abgesehen. Die Ermittlungen der Polizei verliefen leider im märkischen Sande. Inzwischen aber ist der Raubvogel, zumindest als Kopie, wieder auf seiner toskanischen Säule gelandet.

Ich flaniere gern über Friedhöfe. Nicht nur der Ruhe wegen. Denn wenn man mit offenen Augen an den Anlagen entlanggeht, können solche Spaziergänge durchaus einen frischen Blick auf die jeweilige Stadt vermitteln. So manches Grab erzählt – in der gebotenen Kürze – eine (Lebens-)Geschichte. Potsdam macht da keine Ausnahme. Irgendjemand hat mir einmal das Büchlein „Gar kurz ist's bis zur Ewigkeit" mit originellen Grabschriften geschenkt (hoffentlich ohne finstere Hintergedanken). Darauf finden sich viele kuriose, gelegentlich aber auch einige ätzend böse Sprüche, von letzteren habe ich allerdings bislang noch keinen bei meinen Streifzügen entdecken können. Auf dem Alten Friedhof finde ich immerhin einige künstlerisch herausragende Grabmäler, die an Potsdamer erinnern, die einst das Leben der Stadt und darüber hinaus prägten. Mitten unter all den Normalsterblichen sind auch viele blaublütige oder solche mit militärischen Ehren überhäufte Tote begraben. Sie alle sind jetzt harmonisch miteinander vereint, was zu ihren Lebzeiten wohl kaum der Fall gewesen sein dürfte. Im Tod sind eben alle gleich.

Ich suche das Grab Ernst von Bergmanns. Den Namen kennt in Potsdam eigentlich jeder, wenn vielleicht auch nicht die Person, die sich dahinter verbirgt. Der Sohn eines Pfarrers, 1836 in Riga geboren, studierte Medizin und führte die Methode der aseptischen Wundbehandlung ein, ehe er später der modernen Hirnchirurgie den Weg bereitete. Heute trägt das riesige Potsdamer Klinikum von Bergmanns Namen. Der Mediziner starb 1907 in der Stadt, sein Grab müsste also hier irgendwo zu finden sein. Nur wo? Ich schaue mich um und spreche buchstäblich jeden Friedhofsbesucher an, viele sind es ja um die Mittagszeit nicht. Keiner kann mir weiterhelfen. Merkwürdig, ich erinnere mich an die vielen Spaziergänge mit meiner Oma auf dem Friedhof ihrer Mutter, sie hätte sofort den Weg zu einem berühmten Grab weisen können – und ein halbes Dutzend darüber hinaus gleich mit. Ich unternehme einen letzten Versuch und frage einen Witwer, denn als ein solcher outet sich der ältere Herr sogleich mit seiner knappen Antwort: „Es tut mir leid, ich weiß nur, wo hier meine Frau liegt." Dem Tonfall entnehme ich, dass aus seiner Sicht das auch völlig ausreicht. Ernst von Bergmanns letzte Ruhestätte entdecke ich nicht, dafür aber die von Franz Hermann Schulze-Delitzsch (1808–1883).

Grab von Schulze-Delitzsch

Aus dem Geschichtsunterricht erinnere ich mich: Der Politiker und Sozialreformer gilt als Gründungsvater des deutschen Genossenschaftswesens.

Mir fällt auf, wie ordentlich dieser Friedhof gepflegt ist. Nicht nur die einzelnen Gräber, wo Angehörige offensichtlich gern und oft liebevoll Hand anlegen – oder dies eben von einem Pflegedienst erledigen lassen, auch die Rasenflächen vermitteln einen sehr adretten Eindruck. Kleine hölzerne Pavillons bieten vorübergehend Schutz vor sengenden Sonnenstrahlen oder falls man einmal von einem Regenschauer überrascht werden sollte. Neben uralten Bäumen haben die Friedhofsgärtner neue gepflanzt. Darunter entdecke ich Duzende mit für mich exotisch klingenden Bezeichnungen: Blauschoten und Goldlärchen aus China, Feuerscheinzypressen aus Japan, Gelbkiefern, Sumpfeichen und Silberahornbäume aus Nordamerika. Nicht jeder zählt auf botanischem Gebiet zu den Bewanderten, ich schon gleich gar nicht, umso hilfsreicher empfinde ich die Idee, bei besonders ungewöhnlichen Gehölzen Hinweisschilder anzubringen. Und für wen selbst ein Friedhofsbesuch ohne Smartphone undenkbar ist, der kann sich dank der angefügten QR-Codes weitergehende Informationen auf sein Handy herunterladen.

Es ist jetzt Zeit, meinen Spaziergang fortzusetzen, da begegne ich zu guter Letzt noch einer Friedhofsangestellten. Die freundliche Frau kann mir natürlich sofort die Stelle des gesuchten Grabes von Ernst von Bergmann zeigen. Sie weist auf eine große, weiße, unübersehbare Nachbildung der berühmten Jesus-Statue des dänischen Bildhauers Bertel Thorvaldsen. Unübersehbar ist sie tatsächlich, denn da habe ich vor einigen Minuten auch schon staunend davorgestanden. Dummerweise befindet sich an diesem Grab kein Name. Darüber muss sich auch die Frau vom Fach sehr wundern. In den 1970er-Jahren des vergangenen Jahrhunderts, erzählt sie mir, habe man quer durch den Alten Friedhof eine Heiztrasse verlegt. Dabei erhielten viele alte Ruhestätten einen neuen Platz, vor allem an den Friedhofsmauern. Bei einigen Grabmälern, so scheint es, ist bei dieser merkwürdigen Aktion wohl auch das eine oder andere Teil auf der Strecke geblieben.

Ich verlasse jetzt nun wirklich den Alten Friedhof und gehe an der Tram-Haltestelle über die Heinrich-Mann-Allee zum Neuen Friedhof. Er ist als Potsdamer Hauptfriedhof um vieles größer, hier erleichtern Wegnamen die Orientierung. Das ist auch nötig. Denn neben den zahllosen zivilen Gräbern beherbergt der Friedhof auch den Kriegerhain für

Grab von Ernst von Bergmann

Mausoleum der Familie Koch

Soldaten des Ersten Weltkriegs, einen für die Gefallenen des Zweiten Weltkriegs sowie zwei Ehrenfelder für Bombenopfer aus den Jahren 1943 bis 1945. Und, ich stutze zunächst bei dem Begriff „Ausländeranlage", lese aber auf einer Informationstafel, dass dort die Kriegstoten aus der Sowjetunion, Polen, Frankreich, Italien, Tschechei, Holland und Belgien ihre letzte Ruhe gefunden haben.

Nur wenige Schritte weit vom Eingang entfernt entdecke ich linker Hand das etwas unscheinbare Grab von Bernhard Kellermann. Dieser Name darf in keiner Literaturgeschichte fehlen. Mit seinem utopischen Roman „Der Tunnel" gelang ihm 1913 ein Bestseller in Millionenhöhe. Nach dem Ende des Zweiten Weltkriegs gründete Kellermann zusammen mit Johannes R. Becher den Kulturbund der DDR und starb 1951 in Klein Glienicke.

Ich gehe auf dem Hauptweg hoch und biege links in den Gustav-Meyer-Weg ein. Meine nächste Station brauche ich nicht näher zu beschreiben, die kann man gar nicht übersehen. Ich bleibe staunend vor dem Mausoleum der Familie Koch stehen. Friedrich Wilhelm Koch (1815–1889) hatte ich ja eben beim Betreten des Alten Friedhofs erwähnt. Der Bildhauer und Stuckateur verzierte die Domizile zahlreicher Mitglieder der einstigen Potsdamer High Society. Weil Kunst und Kommerz oft Hand in Hand gehen, brachte es Koch mit seiner Stuckfabrik zu immensem Reichtum. Das kann man an der denkmalgeschützten Villa Koch in der Weinbergstraße 41–43 ablesen, nicht zuletzt aber auch an der Familiengruft, die, bei dem Beruf des hier Bestatteten nicht weiter verwunderlich, auch besonders reich verziert ausgefallen ist.

Nun ist es aber an der Zeit, den Toten den Rücken zuzukehren und meinen Spaziergang den Telegrafenberg hinauf fortzusetzen. Werktags braucht man dazu den Friedhof nicht extra zu verlassen, sondern kann das bequem durch den nördlichen Nebeneingang gegenüber der Neuapostolischen Kirche tun. Von dort führt ein kleiner Waldweg hinauf. Erst vor wenigen Tagen ist über dem Berliner Raum ein Jahrhundert-Unwetter hinweggezogen. Es hatte stundenlang ununterbrochen wie aus Kübeln gegossen, die Feuerwehr war im Dauereinsatz, Straßen mussten gesperrt, Flüge annulliert werden. Auch an dieser Stelle sind offensichtlich wahre Wassermassen hinuntergeflossen, der Weg gleicht stellenweise einem ausgewaschenen Flussbett. Während ich aufpasse, nicht hinzufallen, komme ich an dem „AbenteuerPark Potsdam" vorbei. In den Bäumen sind auf einer Länge von fast zwei Kilometern insgesamt zwölf unterschiedlich konzipierte Parcours installiert worden. Schweißtreibende Klettermöglichkeiten über unzählige Bäume, Balken und Brücken sowie eine 200 Meter lange Seilrutsche sollen bei Klein und Groß „Höhenflüge für Körper und Geist" wecken. Verspricht zumindest ein Werbeslogan. Überprüfen möchte ich das jetzt nicht unbedingt, aber immerhin kann ich mir nun jene komischen Geräusche erklären, über die ich mich während meines Spaziergangs entlang der äußeren Seite des Neuen Friedhofs gewundert habe. Das Jauchzen der Kinder ließ mich zunächst an einen Spielplatz in der Nähe denken, doch dann war auch immer wieder dieses seltsame metallische Klappern zu hören, worauf ich mir keinen

Abenteuerpark

Reim machen konnte. Jetzt aber weiß auch ich, wie es sich
anhört, wenn Karabinerhaken aneinanderschlagen und Rollen
quietschend über Seile gleiten.

Ich habe nun den Gipfel des Bergs erreicht. Hier oben
stand früher einmal, und das erklärt den Namen, ein optischer
Telegrafenmast. Das war eine sechs Meter hohe Einrichtung
aus Holz, an der man mit drei beweglichen Flügelpaaren über
4000 verschiedene Kombinationen einstellen und so Zahlen
und Buchstaben chiffrieren konnte. Der Potsdamer Telegrafenmast diente als Teil der 560 Kilometer langen Preußischen
Staatstelegramm-Linie zwischen Berlin und Koblenz. Dazwi-
schen befanden sich, immer schön in Sichtweite, weitere 62
Stationen, etwa an Kirchtürmen oder Sternwarten. Die Über-
tragung einer Nachricht muss man sich daher auch als eine
ziemlich langwierige Angelegenheit vorstellen. So benötigte
eine Botschaft mit lediglich 30 Wörtern von der preußischen
Hauptstadt in die rheinische Provinz sage und schreibe einein-
halb Stunden. Der technische Fortschritt machte diese müh-
selige Art der Nachrichtenübertragung aber schnell obsolet.
Schon nach 16 Jahren war Schluss damit, ab 1849 übernahmen
elektrische Telegrafen die Aufgabe.

Janz weit draußen auf der
Potsdamer Kartoffel

Apropos technischer Fortschritt. Inzwischen ist viel Wasser die Havel entlanggeflossen, die Welt hat sich, nicht zuletzt auf wissenschaftlichem Gebiet, völlig verändert. Davon werde ich mich jetzt im „Wissenschaftspark Albert Einstein" überzeugen können. Fünf international renommierte Forschungseinrichtungen haben hier ihren Sitz: das Leibniz-Institut für Astrophysik, der Deutsche Wetterdienst, das Deutsche GeoForschungsZentrum, das Potsdam-Institut für Klimafolgenforschung sowie das Alfred-Wegener-Institut für Polar- und Meeresforschung mit seiner Potsdamer Dependance. Da kann man als Uneingeweihter leicht die Orientierung verlieren. Am Eingang hängt zum Glück in einem Schaukasten ein detaillierter Übersichtsplan. Ich bin gerade dabei, mir Notizen zu machen, da kommt ein freundlicher Pförtner auf mich zu und händigt mir eine praktische Karte zum Mitnehmen aus. Mein erster Anlaufpunkt ist der Einsteinturm. Früher, im analogen Zeitalter, als die Menschen noch Postkarten von ihrem Reiseziel an die Daheimgebliebenen schickten, da durfte dieses Bauwerk neben Schloss Sanssouci, Marmorpalais & Co. als Potsdamer Wahrzeichen nicht fehlen. Ich bezweifele aber, dass viele Potsdam-Touristen dem Turm auch tatsächlich einen Besuch abgestattet haben. Dazu liegt er nun doch ein wenig zu weit ab vom Schuss. Oder wie die Berliner sagen würden: jwd – janz weit draußen.

Mit dem Lageplan bestens gerüstet, halte ich mich links und gehe den Helmertweg entlang. Das moderne Laborgebäude des Alfred-Wegener-Instituts ist von Bauzäunen abgesperrt und wird gerade durch zwei Neubauten für weitere Laboratorien und Konferenzräume erweitert, auf der rechten Seite stehen die kleinen ehemaligen Observatoren-Wohnhäuser. Ich gehe jetzt auf ein großes Gebäude zu, ein eindrucksvoller Backsteinbau im klassizistischen Stil. Es ist das Helmert-Haus, Sitz des GeoForschungsZentrums, und als ich näher komme, bemerke ich bei einem Blick durch die unteren Fenster, dass hier auch die fachübergreifende Bibliothek des Wissenschaftsparks zu finden ist. Das Helmert-Haus wurde 1892 als Hauptgebäude des ehemaligen Geodätischen Instituts eingeweiht. Die Wissenschaftler beschäftigten sich unter der Leitung des Direktors Friedrich Robert Helmert (1843–1917) mit der Ausmessung und Abbildung der Erdoberfläche. Über die Vorstellung, die Erde sei eine Scheibe, können wir heute nur schmunzeln, doch eine Kugel ist sie ebenso wenig. Dem Team

Helmert-Haus

um Direktor Helmert ist es gelungen, die Erde exakt zu berechnen, und zwar mit all ihren Dellen dermaßen genau, dass das Ergebnis als die „Potsdamer Kartoffel" berühmt wurde.

Ich gehe rechts weiter, der Weg zum Einsteinturm lässt sich übrigens gar nicht verfehlen, denn der ist gut ausgeschildert. Endlich stehe ich davor und muss zugeben, dass ich mir das Bauwerk doch etwas größer, imposanter vorgestellt hatte. Aber es ist ja auch gar nicht seine Größe, die so faszinierend wirkt, sondern vielmehr die originelle Bauweise. Der Potsdamer Astrophysiker Erwin Finlay-Freundlich (1885–1964) war von den Theorien Albert Einsteins regelrecht begeistert. Doch was taugen die revolutionärsten Hypothesen, wenn niemand sie beweisen kann? Genau das wollte Finlay-Freundlich ändern. Er konnte für sein Vorhaben den jungen, damals noch völlig unbekannten Architekten Erich Mendelsohn (1887–1953) gewinnen. Der Auftrag an den Baumeister lautete: ein für die praktische Überprüfung von Einsteins allgemeiner Relativitätstheorie geeignetes Observatorium zu entwerfen, wobei für die künstlerische, äußere Gestaltung der Fantasie des Architekten keine Grenzen gesetzt wurden. Nachdem das geklärt war, erwies sich die Finanzierung als Kinderspiel. Albert Einstein galt in den 1920er-Jahren des vergangenen Jahrhunderts geradezu als

Einsteinturm

ein Superstar. Der Nobelpreisträger mit seinem markanten grauen Wuschelkopf war in jedermanns Munde, alle Welt hatte schon mal von seiner so simpel klingenden Formel $E = mc^2$ gehört, und dass Zeit und Raum relativ sein sollten, hörte sich einfach umwerfend an, selbst wenn das auch nur die allerwenigsten wirklich verstanden. Mit einem solch zugkräftigen Namen rannte Finlay-Freundlich bei wohlhabenden Mäzenen in der Wirtschaft und beim preußischen Fiskus offene Türen ein. Das ist umso erstaunlicher, bedenkt man die schwierige Zeit so kurz nach dem Ende des verlorenen Weltkrieges. 1922 war das Sonnenobservatorium nach einer dreijährigen Bauzeit fertig. Das helle, expressionistische Bauwerk mit seinen ungewöhnlichen, eleganten Kurven übt auf mich eine weitaus größere Wirkung aus als etwa nebenan der Große Refraktor, der wegen seiner bombastischen Dimension für viele eher als *die* Hauptattraktion im Wissenschaftspark gilt. Vor die Wahl gestellt, mir ein Potsdamer Bauwerk als Kunstdruck an die Wand zu hängen, bräuchte ich nicht lange zu überlegen. Für die Stadt bedeutete der Einsteinturm eine weitere Sehenswürdigkeit, für den Avantgarde-Architekten Mendelsohn war er der Beginn einer großartigen Karriere. Ach übrigens, der eigentlich mit dem Bau des Turms beabsichtigte Versuch, die Rotverschiebung im Schwerefeld der Sonne nachzuweisen, misslang. Doch das erscheint mir heute lediglich eine Fußnote zu sein.

Es wird niemanden überraschen, dass während der Nazi-Diktatur jeder Bezug zum berühmten Namensgeber des Turms verschwand. Die im Eingang platzierte Einstein-Büste konnte ein loyaler Mitarbeiter 1933 noch rechtzeitig in Sicherheit bringen und bis zum Ende des Dritten Reichs unbeschadet aufbewahren. Der Turm selbst sowie der Vorbau erlitten während des Kriegs schwere Schäden. Nach der Restaurierung hielt man es für eine kluge Idee, Albert Einstein zur feierlichen Neueinweihung einzuladen. Wahrscheinlich erhoffte sich die Arbeiter- und Bauernmacht, dass dabei ein wenig Glanz des weltweit berühmten Wissenschaftlers auf sie abfärben würde. Doch

Einstein lehnte angesichts von Holocaust und NS-Kriegsverbrechen geradezu angewidert ab, wie sich in einem Brief an Otto Hahn von 1949 nachlesen lässt: „Die Verbrechen der Deutschen sind wirklich das Abscheulichste, was die Geschichte der sogenannten zivilisierten Nationen aufzuweisen hat. Die Haltung der deutschen Intellektuellen – als Klasse betrachtet – war nicht besser als die des Pöbels. Nicht einmal Reue und ein ehrlicher Wille zeigt sich, das Wenige wieder gutzumachen, was nach dem riesenhaften Morden noch gutzumachen wäre." Deswegen fühle er „eine tiefe Aversion" dagegen, sich am öffentlichen Leben Deutschlands auf irgendeine Weise zu beteiligen, „einfach aus Reinlichkeitsbedürfnis".

Der Einsteinturm ist kein Museum, sondern er dient der Forschung. Deswegen stehe ich auch leider vor verschlossenen Türen. Zwar gibt es öffentliche Führungen, die die URANIA „Wilhelm Foerster" e.V. organisiert, doch sie sind auf die Monate zwischen September und März beschränkt. Aber keine Regel ohne Ausnahme. Die URANIA ermöglicht auch im Sommer Führungen, jedoch nur in ganz wenigen Einzelfällen. Die sonnenintensiven Monate möchten die Wissenschaftler ungestört für ihre Arbeit ausnutzen. Da jeder Besucher unweigerlich Staubpartikel in das Observatorium hineinbringt, die die empfindlichen optischen Messinstrumente beschädigen könnten, haben Fremde in dieser Zeit keinen Zutritt. Heute scheint die Sonne, nicht eine einzige Wolke trübt den Himmel, normalerweise ein Grund zur Freude, mir wäre in diesem Fall ein verregneter Tag aber lieber gewesen. Fast hätte ich es übersehen: Vor dem Eingang rechts ist in den Fußweg eine bronzene Skulptur eingelassen. Sie zeigt ein Gehirn, allerdings so klein wie eine Faust, dass man leicht achtlos daran vorbeigehen kann. Die Installation ist Bestandteil der Reihe „Hirnsetzungen" des Künstlers Volker März, zu der auch noch weitere Objekte in Berlin, wie etwa vor dem Neurologischen Institut der Charité oder dem Museum für Kommunikation, gehören.

Bronzeskulptur Gehirn

Ich verlasse das leicht hügelige Areal um den Einsteinturm und setzte meinen Rundgang fort zum Großen Refraktor. Diesen Namen trägt das Observatorium zu Recht. Er ist
mit seiner gigantischen Kuppel, die im Sonnenlicht schon von
Weitem immer wieder durch die Baumwipfel schimmert, nicht
zu übersehen. Die Türen stehen offen, Handwerker schwirren
ein und aus. Ich habe zufälligerweise den letzten Tag der über
einjährigen Renovierungsarbeiten erwischt, morgen soll die fei-
erliche Wiedereröffnung stattfinden. Ich nutzte die Gunst der
Stunde und schlüpfe schnell durch den Eingang. Eine ange-
nehme Kühle schlägt mir entgegen, ich bemerke, dass bei der
Sanierung auch das Treppenhaus miteinbezogen worden ist.
Ich gehe auf der Rundtreppe, deren verschnörkeltes Geländer
man grün und goldfarben frisch gestrichen hat, mehrere Etagen hinauf und bleibe dann oben voller Bewunderung stehen:
Wow! Da steht in der Mitte der riesigen holzgetäfelten Kuppel, geradezu Ehrfurcht einflößend, der sieben Meter lange
und heute noch immer viertgrößte Refraktor der Welt. Bei der
ersten Einweihung 1899 war noch Seine Majestät Kaiser Wilhelm II. höchstpersönlich zugegen, morgen wird es dann um
ein paar Nummern kleiner zugehen, wenn, wie angekündigt,

Großer Refraktor

Brandenburgs Wissenschaftsministerin Martina Münch die bei solchen Anlässen üblichen Worte sprechen dürfte.

Dieses Linsenteleskop hat zwar schon seit 50 Jahren für Forschungszwecke ausgedient, ein Publikumsmagnet ist es aber allemal geblieben. Um die 21 Meter durchmessende Kuppel zu bewegen, war seinerzeit sogar ein eigenes Elektrizitätswerk nötig. Bei den britischen Bombardements in jener schrecklichen Nacht vom 14. auf den 15. April 1945 gab es nicht nur viele zivile Opfer in der Potsdamer Innenstadt zu beklagen, auch der Telegrafenberg bekam manchen Treffer ab. So verursachte eine Luftmine an der Kuppel des Großen Refraktors leichte Deformationen, die später Restauratoren vor große Herausforderungen stellten. Heute hat sie wieder ihre ursprüngliche cremefarbene Beschichtung erhalten. Dabei habe man, wie mir ein Restaurator erzählt, auf alte Fotografien zurückgreifen müssen. Auch die Kacheln ringsherum wurden von unschönen Ablagerungen befreit. Das soll allerdings gar nicht so einfach gewesen sein. Nachdem mehrere Hightechverfahren nicht den erwarteten Erfolg brachten, habe man diesen Teil der Fassade schließlich doch noch mit ganz gewöhnlicher Zitronensäure von den Verkrustungen befreien können.

94 Meter über dem Meer

Als ich dann nur wenige Gehminuten weiter das Michelson-Haus erreiche, befinde ich mich in dem Moment auf der höchsten Stelle des Telegrafenbergs, 94 Meter über dem Meeresspiegel, wer es genau wissen möchte. Das große Gebäude mit seinen drei Kuppeln wurde 1879 als erstes auf dem Berg eingeweiht. Das damalige Königliche Astrophysikalische Observatorium ähnelt in der Fassadengestaltung all den anderen Zweckbauten. Sie entstanden nach Plänen von Paul Emanuel Spieker. Er hatte sich für zweifarbig gebänderte Backsteinwände entschieden, die mit

Michelson-Haus

Sternfriesbändern aus glasierten Ziegeln verziert, sowie für Säulen, die mit korinthischen Sandsteinkapitellen dekoriert wurden. Heute hat hier das Potsdam-Institut für Klimafolgenforschung (PIK) seinen Sitz. Das Thema „Klimawandel" ist allgegenwärtig, immer wieder berichten die Medien darüber. Nur unbelehrbare Ignoranten leugnen noch den Anteil des Menschen daran. Im PIK arbeiten keine weltfremden Wissenschaftler im Elfenbeinturm. Weil Grundlagenforschung zwar gut und schön ist, damit allein aber unser Planet nicht gerettet werden kann, entwickeln hier Geistes- und Naturwissenschaftler gemeinsam Computermodelle. Sie sollen das Zusammenspiel der globalen Auswirkungen von Dürren, Überflutungen und Unwettern, politischem Handeln und Wirtschaftsentwicklungen errechnen. Dazu steht im Keller des Instituts ein Teraflop-Supercomputer, einer der leistungsfähigsten Rechner der Welt. Achten Sie einmal darauf, sehr häufig kommen in den Medien beim Thema „Klimawandel" Experten von diesem Potsdamer Institut zu Wort.

Auf der rechten Seite des Eingangs befindet sich eine Plastik, die den Kopf Albert Einsteins zeigt neben seiner berühmten Formel $E = mc^2$. Enthüllt wurde sie im September 1978 von dem „Fliegerkosmonauten der DDR" Sigmund Jähn. Sigmund wer? Wie viele werden wohl heute noch etwas mit diesem Namen anfangen können? Besucher aus den westlichen Bundesländern wohl kaum und jüngere Deutsche sicher noch viel weniger. Ich kann mich aber noch sehr gut an jenes Großereignis vom Sommer 1978 erinnern. Die DDR stand geradezu Kopf, als Sigmund Jähn im August zusammen mit Waleri Bykowski zur sowjetischen Weltraumstation Saljut 6 geflogen ist. Die SED-Propagandamaschine kam aus dem Jubeln nicht mehr heraus. Der Begriff „Deutscher" war ja im offiziellen Sprachgebrauch eigentlich verpönt, man sprach viel lieber vom „DDR-Bürger", plötzlich hieß es aber (ein Seitenhieb auf die Bundesrepublik Deutschland), mit Jähn sei der „erste Deutsche" ins All geflogen. Genau sieben Tage, 20 Stunden und 49 Sekunden blieb er im All. Dass er

ein Bilderbuch-Kommunist war, machte Jähn bei einer kurzen Erklärung unmittelbar vor dem Start deutlich: „Ich widme meinen Flug dem 30. Jahrestag der Gründung der Deutschen Demokratischen Republik, meinem sozialistischen Vaterland.“

In diesem Moment muss ich wieder an meine Militärzeit denken. Irgendwann hieß es damals plötzlich, der Genosse Sigmund Jähn kommt demnächst zu unserer Fliegerstaffel in Brandenburg auf Besuch. Die Nachricht hatte Folgen. Tagelang zuvor durften wir deswegen sämtliche Gebäude putzen, Wege harken, Rasen mähen, Zäune streichen. Überflüssig zu erwähnen, dass wir dem Besuch des damaligen Oberstleutnants – oder war er gar schon Oberst? – nur mit mäßiger Begeisterung entgegensahen. Der „Held der DDR“ und spätere Generalmajor landete dann zwar tatsächlich auf unserem Flugplatz, blieb aber kaum eine Stunde an dem eigentlich völlig unbedeutenden Standort, ehe er wieder abflog. Von unseren endlosen Reinigungsarbeiten hat der Mann aus dem All jedenfalls keine Notiz genommen.

Sigmund Jähn begegne ich auf dem Telegrafenberg ein zweites Mal. Diesmal zum Glück nur in einer Doppel-Büste, die ihn zusammen mit seinem Co-Astronauten, pardon, Co-Kosmonauten Waleri Bykowski zeigt. Die Stele trägt die Inschrift: „Gemeinsam auf der Erde und im All“. Ja, das waren

noch Zeiten. Man sprach von der „unverbrüchlichen Freundschaft zu den ruhmreichen Völkern der Sowjetunion", wie es
im üblichen Propaganda-Kauderwelsch hieß, die sich ja letztlich nach Gorbatschows Perestroika und Glasnost gar nicht als
so unverbrüchlich erweisen sollte. Man hat dieses heute recht
seltsam anmutende Relikt aus einer fast vergessenen Zeit stehen
gelassen. Das ist souverän und völlig in Ordnung, wie ich finde.

Wie schon zur Kaiserzeit wurde auch in der DDR auf dem
Telegrafenberg beobachtet und geforscht, aber auch weiter
gebaut. Zeugnis dieser Ära ist, man kann es leicht an dem
typischen 1960er-Jahre-Baustil erkennen, der frühere Sitz des
Zentralinstituts für Physik der Erde, an dem ich auf dem Weg
zurück zum Pförtnerhäuschen vorbeikomme. 20 Jahre später
zogen die Geo- und Kosmoswissenschaftler der Akademie der
Wissenschaften der DDR ein, nach der Wiedervereinigung
gefolgt von der Forschungsstelle Potsdam des Alfred-Wegener-Instituts für Polar- und Meeresforschung.

Der Telegrafenberg ist vor allem in der schönen Jahreszeit
ein fantastisches Ausflugsziel. Wer hier seinen Arbeitsplatz hat,
ist zu beneiden. Aber auch den Besucher lädt die hügelartige

Alfred-Wegener-Institut

Landschaft mit den vielen alten Bäumen und bemerkenswerten Klinkerbauten zu Spaziergängen ein, wobei man sich dem Genius Loci nicht entziehen kann. Ich denke dabei außer an Einstein noch an andere, nicht ganz so berühmte Größen der Wissenschaft, wie etwa den bis heute wichtigsten deutsche Astrophysiker Karl Schwarzschild (1873–1916), der in seinem Todesjahr bereits die Existenz Schwarzer Löcher vorhersagte.

Es ist inzwischen früher Nachmittag geworden, der Wissensdurst ist fürs Erste gestillt, jetzt macht mein knurrender Magen auf sich aufmerksam. Zeit also für einen kleinen Imbiss. Eine Qual der Wahl hat man dabei allerdings nicht, aber ein Wissenschaftspark ist ja auch kein Disneyworld. Wer Hunger oder Durst oder, wie ich gerade, beides verspürt, wird daher nur an einer Stelle fündig: dem „Café Freundlich". Kaum zu glauben, dass sich hier ein Bistro befindet, man meint eher, vor einem ganz normalen Wohnhaus zu stehen. Das war es ja auch einmal, denn hier wohnte der Astrophysiker, den wir ja im Zusammenhang mit dem Bau des Einsteinturms bereits kennengelernt haben. Ein behindertengerechter Zugang führt um das Haus nach hinten, und da laden auf einer Terrasse auch mehrere Tische zum Rasten ein. Genau das Richtige für einen herrlichen Sonnentag. Falls Sie bei Ihrer Ernährung eine ganz bestimmte Richtung favorisieren sollten, sei Ihnen die Maxime des „Café Freundlich" ans Herz gelegt: „Wir sind aus Überzeugung 100% Bio!" Sämtliche Bio-Lebensmittel kommen so weit wie irgend möglich aus dem Umland und zwar allesamt von lizenzierten Öko-Anbauverbänden; künstliche Aromen und Zusatzstoffe sowie Fertigprodukte sind verpönt, selbst der Einsatz einer Mikrowelle ist tabu. Was Einstein wohl dazu gesagt hätte?

Ich schaue mir die heutige Tageskarte an und kann zwischen orientalischer Linsensuppe, Kohlrabispaghetti mit Basilikum-Tomaten-Sauce und einer knusprigen Aubergine mit Tomaten-Tatar wählen. Alles zu ausgesprochen günstigen Preisen, da schaut man über das einfache, an eine Mensa erinnernde Mobiliar gern hinweg. Meine Linsensuppe für 3,90 Euro schmeckt hervorragend, der lasse ich als Dessert ein Stück Potsdamer Königskuchen mit einer Tasse Kaffee folgen. Mir gefällt es hier, die anderen Gäste machen allesamt ebenfalls einen zufriedenen Eindruck. Leider lässt sich das nicht von Steffi Wübbenhorst, der Inhaberin, sagen. Sie wird wohl, vertraut sie mir an, das „Café Freundlich" nicht mehr allzu lange betreiben können. Steffi Wübbenhorst ist die erste Gastronomin, die seit Januar 2017 dieses so schön umgestaltete ehemalige Wohnhaus als Bistro nutzen darf. Doch einen wirtschaftlichen Gewinn wirft das Bistro leider noch nicht ab. Schade. Aber offensichtlich „verirren" sich nicht genug Touristen auf den Telegrafenberg, und die Mitarbeiter der wissenschaftlichen Institute werden in ihrer Kantine bestens versorgt. Was tun? Hinfahren. Schauen. Genießen! So schnell wie möglich!

Die Bedienung macht dem Namen des Cafés jedenfalls alle Ehre. Und Steffi Wübbenhorst hat ja noch ein zweites berufliches Standbein, denn sie führt unten in der Hegelstraße 23 das „Café Kieselstein". Auch da läuft der Betrieb unter dem Motto: „Biologisch, vegetarisch, vegan – lecker!". Und zwar offensichtlich so gut, dass die Besitzerin zurzeit auf der Suche nach weiteren Mitarbeitern ist.

Café Freundlich

Die zweifelhafte Schönheit
der Welt von gestern

Gestärkt verlasse ich jetzt den Telegrafenberg und gehe die Albert-Einstein-Straße hinunter, komme erneut am Abenteuer-Park vorbei, wo Tarzan und Jane noch immer munter durch die Baumwipfel gleiten, und biege in die Straße Am Havelblick links ein. Schöne Adresse, schreckliche Vergangenheit, scheußlicher Anblick: Die Rede ist vom „Kreml". So hieß im Volksmund die SED-Zentrale des einstigen DDR-Bezirks Potsdam. Das riesige Gebäude auf dem Brauhausberg hat in seiner langen Geschichte schon die unterschiedlichsten Hausherren erlebt. Es war zuerst Kriegsschule, dann Reichs- und Heeresarchiv, schließlich Sitz der Bezirksleitung der SED. Die Genossen hatten ihre Machtzentrale offenbar in einem üblen Zustand hinterlassen. Denn schon kurz nach der Wende mussten Gutachter dem nun als brandenburgisches Landesparlament dienenden Gebäude die Baufälligkeit attestieren. In der Tat, unter solch schäbigen Bedingungen waren in ganz Deutschland noch nie Volksvertreter untergebracht worden. Eine marode Elektroanlage, Putz, der von Wanden bröckelte, ein einsturzgefährdeter Turm – Brandenburgs erster Ministerpräsident, Manfred Stolpe, hatte dafür das markige

„Kreml"

Wort „Bruchbude" gewählt. Was für eine Untertreibung. Die Parlamentarier wollten so schnell wie möglich „runter vom Berg", aber erst seit 2014 residieren sie im wieder aufgebauten Stadtschloss am Alten Markt. Der „Kreml" steht seitdem leer – und verrottet langsam, aber sicher weiter vor sich hin. Wie soll man sich die Zukunft für ein solches Gebäude vorstellen? Da wurde und wird viel spekuliert, von Wohnungen über ein Hotel bis hin zum Ausbau eines Wissenschaftsstandorts. Ideen gibt es viele, nur die nötigen Investoren fehlen. Gegenwärtig hat die Stadt aus der Not eine Tugend gemacht und in einem Teil des Gebäudes Flüchtlinge untergebracht. Das erklärt auch die vielen arabischsprachigen Graffiti in unmittelbarer „Kreml"-Nähe. Was die alle wohl so bedeuten mögen? Als ich mich dem Eingangstor nähere, werde ich von Security-Mitarbeitern misstrauisch beäugt. Mit meiner Fotokamera und dem Notizblock scheine ich ihnen wohl etwas suspekt. Aber Fehlalarm! Ich möchte hier nichts kontrollieren, mich nur ein wenig umschauen. Dazu sollte man wissen, dass in den vergangenen Monaten einige Berliner Flüchtlingsunterkünfte mit negativen Berichten in den Medien aufgefallen sind. Dort hatten Wachschutzleute ihre Machtposition ausgenutzt und

Flüchtlinge auf üble Weise schikaniert. Ich bemerke davon an diesem Ort nichts. Über der Eingangstür flattert ein weißes Laken im Wind, auf dem in handgemalten Großbuchstaben „WELCOME" steht.

Das Terrain rings um den „Kreml" macht heute, genau wie das Bauwerk selbst, einen verwahrlosten Eindruck. Die Treppe, die von der nördlichen Seite hinaufführt, ist vor lauter Unkraut kaum noch zu erkennen und nicht ohne Grund warnt ein Schild: „ACHTUNG! Betreten und Befahren verboten!" Noch viel schwieriger zu erkennen ist das riesige Partei-Logo der SED auf der Vorderseite des Turmes: zwei sich umschließende Arbeiterhände, die die Vereinigung von KPD und SPD in der sowjetischen Besatzungszone symbolisieren. An dieser Stelle prangt heute auf den dunkelroten Klinkern nur noch ein hässlicher Fleck. Mit etwas gutem Willen und noch besseren Augen lassen sich ringsherum jedoch einige Buchstaben des Schriftzuges „Sozialistische Einheitspartei Deutschlands" erkennen. Wer auch immer das Parteiabzeichen der letzten Diktatur auf deutschem Boden zu übertünchen versuchte, er hat nur halbe Arbeit geleistet. Man könnte dies ja fast schon symbolhaft interpretieren. Denn selbst drei Jahrzehnte nach dem Zusammenbruch der DDR geistern in manchen Potsdamer Köpfen immer noch sentimentale Erinnerungen an die „gute alte Zeit" herum, diese Leute trauern einer heilen Welt nach, die es *so* freilich nie gegeben hat.

An eine andere ebenfalls untergegangene „Welt von gestern" erinnerte sich auch der Philosoph und Kulturkritiker Walter Benjamin (1892–1940). In seinen autobiografischen Skizzen „Berliner Kindheit um neunzehnhundert" schreibt er wehmütig: „Auf dem Brauhausberge bei Potsdam hatten wir unsere Sommerwohnung. Aber der Name hat alle Schwere verloren, er enthält von einem Brauhaus überhaupt nichts mehr und ist allenfalls ein von Bläue umwitterter Berg ... Und darum liegt das Potsdam meiner Kindheit in so blauer Luft, als wären seine Trauermäntel oder Admirale, Tagpfauenaugen und Aurorafalter über eine der schimmernden Emaillen von Limoges verstreut, auf denen die Zinnen und Mauern Jerusalems vom dunkelblauen Grunde sich abheben." Wo genau an den Hängen des Brauhausberges die Sommervilla der Familie Benjamin stand, lässt sich nicht mehr feststellen. Seine so poetisch gehaltenen Erinnerungen an das Potsdam von damals liest man zwar gern, sie lassen sich mit der Stadt von heute aber kaum noch in Übereinstimmung bringen.

Ich laufe den kurzen Weg zurück zur Albert-Einstein-Straße und erreiche nach wenigen Minuten ihren Anfangspunkt. Auf der rechten Seite weckt ein lang gestrecktes Industriegebäude mein Interesse. An den engen Eingängen bemerke ich Klingelkästen mit mehreren Namen. Sollten etwa auch hier neue Wohnungen entstanden sein? Kaum zu glauben. Denn die Front zur Straßenseite mit den roten Klinkerziegeln und zum Teil vergitterten Fenstern vermittelt nicht unbedingt einen wohnlichen Eindruck. Die Ziegelsteinwände verströmen eher den Charme eines soliden, allerdings ordentlich sanierten Zweckbaus. Zufälligerweise kommt ein junger Mann vorbei, der gerade einen Kinderwagen durch eine der Metalltüren schiebt. Ich frage ihn ungläubig, ob das Gebäude denn tatsächlich zu einem Wohnhaus umfunktioniert worden sei. Er muss lachen und gibt mir den Rat, doch ruhig einmal einen Blick auf die hintere Seite zu werfen. Gesagt, getan. Und da bietet sich mir dann doch tatsächlich ein völlig anderes Bild: kleine bepflanzte Vorgärten, die aber noch Platz für ein paar Sommermöbel bieten, dahinter eine freundlich wirkende Fassade mit großen Fenstern, Balkonen und Sonnenschirmen.

Auf einer an der Hauswand angebrachten, silber glänzenden Tafel informiert die Nürnberger Immobilienfirma Terraplan über die wechselhafte Geschichte des Bauwerks. In der zweiten Hälfte des 19. Jahrhunderts gründeten hier die Gebrüder Hoffmann eine Brauerei, in der man unter anderem ein sogenanntes „Prioritäts-Bier" braute. Ich bin kein Biertrinker und kann mir darunter nichts vorstellen. Die Firma wurde später von der „Berliner Kindl"-Brauerei-Aktiengesellschaft übernommen, und was ein „Kindl-Bier" ist, das dürfte in dieser Gegend selbst eingefleischten Abstinenzlern ein Begriff sein. Nach dem Zweiten Weltkrieg enteignete die Arbeiter- und Bauernmacht die kapitalistischen Bierbrauer, das Geschäft mit dem Gerstensaft übernahm, wie damals üblich, ein sogenannter volkseigener Betrieb, der VEB Brauerei Potsdam. Nach der Wende 1989 verließen wieder einige Jahre lang Flaschen und Dosen mit dem Kindl-Etikett diese Potsdamer Brauerei. Dann stand die Anlage 16 Jahre lang still. Was für eine Verschwendung. Die Firma Terraplan, die sich auf die Restaurierung von Denkmälern spezialisiert hat, setzte dem ein Ende und schuf daraus ein Wohnquartier mit 50 schicken Apartments.

In der Hochzeit des Kalten Krieges, als sich die beiden Supermächte entlang des Eiserneren Vorhangs mit ihren Atomwaffen gegenseitig bedrohten und ein dritter Weltkrieg durchaus im Bereich des Möglichen lag, da witzelte ein amerikanisches Reisebüro: „Besuchen Sie Europa – solange es noch steht!" Der makabre Spruch fällt mir ein, als ich vor der Ruine

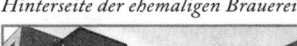

Hinterseite der ehemaligen Brauerei

Ruine des Café Minsk

des „Café Minsk" stehe. Um diese noch zu sehen, müssen Sie sich nämlich beeilen. Denn die Tage dieses legendären Terrassencafés südlich der Max-Planck-Straße sind gezählt. Die Ruine soll 2018 verkauft werden, der künftige Eigentümer wird sich höchstwahrscheinlich für den Bau von Wohnhäusern auf diesem Areal mit der alten Schwimmhalle entscheiden. Schade eigentlich. Denn das „Minsk" gilt neben einer kleinen Gruppe anderer Gebäude als beispielhaft für das Bauen in Potsdam während der DDR-Zeit, es stellt somit ein durchaus erhaltenswertes Unikat dar.

Wie kam die Gaststätte ausgerechnet zu diesem Namen? Die beiden Partnerstädte Potsdam und Minsk eröffneten das Lokal im November 1977, nicht ohne Anlass, sondern zu „Ehren des 60. Jahrestages der Großen Sozialistischen Oktoberrevolution". Ich selbst war nur einmal dort. An das Essen kann ich mich nicht mehr erinnern, das war mir damals auch gar nicht so wichtig. Aber es gelang mir, einen der begehrten Plätze am Fenster im Obergeschoss zu ergattern, der fantastische Panoramablick auf die Potsdamer Innenstadt bleibt mir unvergesslich. Auch die Öffnungszeiten habe ich in Erinnerung behalten, denn die waren für DDR-Verhältnisse geradezu exotisch. Freitags und samstags blieben da, wenn ich mich recht entsinne, die Türen bis 2 oder gar 3 Uhr morgens geöffnet. So etwas kannte ich höchstens aus westlichen Unterhaltungsromanen.

Vor wenigen Tagen war ich in der Innenstadt für die Recherche zu diesem Buch unterwegs. Mir fiel eine kleine Menschengruppe auf, kaum mehr als zwei Duzend, die vor dem Rathaus gegen den drohenden Abriss des „Minsk" demonstrierte. Ihre Erfolgschancen? Nahezu aussichtslos. Keineswegs nur deshalb, weil nicht mehr Protestierende auf die Straße gingen. Das Land Brandenburg hatte nämlich vor Jahren schon Anträge abgelehnt, das Restaurant auf die Liste der geschützten Denkmäler zu setzen. Nun steht die Ausschreibung unmittelbar bevor. Der jetzige Eigentümer, die Stadtwerke Potsdam GmbH, mischt sich in die Debatte nicht ein und überlässt die Entscheidung über die Zukunft des „Minsk" dem künftigen Käufer. Wer die Denkweise von Immobiliengesellschaften kennt, weiß, dass bei der möglichst profitablen Vermarktung eines Grundstücks in einer spektakulären Toplage die geschichtlichen Hintergründe wenig zählen. Von Fingerspitzengefühl und Rücksichtnahme auf die Gefühle der Einwohner ganz zu schweigen.

Ich setzte meinen Weg fort, passiere die Ruine der ausgedienten Schwimmhalle mit ihrer markanten, allerdings auch oft undichten Spanndachkonstruktion, die nun abgerissen werden soll. Sie wurde am Nationalfeiertag der DDR, am 7. Oktober 1971, eröffnet und war bei den Potsdamern sehr beliebt. Nur einen Katzensprung weiter und ich stehe vor dem gerade feierlich eröffneten neuen Sport- und Freizeitbad „blu" mit seinem Sportbecken, Familienbad, Sauna- und Wellnessbereich. Heute verspüren bei dem schönen Wetter offensichtlich nur wenige Gäste Lust, in einer Halle zu baden oder zu schwimmen, auf dem großen Parkplatz davor herrscht gähnende Leere. Ich gehe weiter zur Leipziger Straße, in die

„blu"

sogenannte Speicherstadt. In dieser Gegend haben Freunde
von mir eine neue Wohnung in einem der einstigen Speicher
gefunden. Apartments im Parterre rechne ich aus verschiedenen Gründen nicht unbedingt zu meiner bevorzugten Wohn-
lage, doch hier würde ich mich glücklich schätzen, im Erd-
geschoss zu wohnen. Denn der Balkon schließt unmittelbar
mit dem Wasser der Havel ab. Altstadtblick heißt die Straße
nicht ohne Grund, man kann zudem die Insel Obere Pla-
nitz sehen sowie Hermannswerder. Das ist eine Halbinsel,
manche aber sprechen auch von einer Insel. Hermannswerder wurde im 18. Jahrhundert durch einen schmalen Kanal
vom Festland getrennt, um so die im Templiner und Potsdamer Forst geschlagenen Baumstämme leichter transportieren
zu können.

Einige Bewohner haben sich Leitern an ihre Balkone mon-
tiert. So können sie direkt aus der guten Stube ins Wasser oder
an Bord ihrer Boote steigen. Übrigens, schon wieder werde ich
jetzt mit einem bereits im ersten Spaziergang erwähnten Potsdamer Streitthema konfrontiert. Ein Verkehrsschild weist darauf hin, dass auch hier der Weg entlang des Ufers in Richtung
Zentrum gesperrt ist.

Ich gehe zurück zur Leipziger Straße. Ein Blickfang wegen seines markanten Turmes ist da der sogenannte Persiusspeicher. Auf Wunsch König Friedrich Wilhelms IV. baute der Architekt Ludwig Persius das Magazin 1844 im normannischen Burgenstil um. Heute sind hier gut betuchte Potsdamer zu Hause. Zur Straßeseite hin macht das Gebäude zwar fast den eher abweisenden Eindruck einer Kaserne, doch ganz anders sieht es auf der der Havel zugewandten Seite aus. Da verstellen zwar momentan noch Baugerüste teilweise den Blick, aber man braucht nicht viel Fantasie, um sich dieses originelle Wohnquartier schon sehr bald als eine begehrte Potsdamer Topadresse vorzustellen.

Wenn Sie von hier nur noch einige wenige Schritte auf der Leipziger Straße weitergehen, werden Sie erneut staunen, diesmal allerdings nicht vor Bewunderung. Denn da finden sich noch immer einige Häuser, die, um es einmal vorsichtig auszudrücken, dringenden Sanierungsbedarf haben. Größer könnte der Kontrast zu den neu gestalteten Wohnquartieren nicht sein. Auf der Leipziger Straße 60 hat das „Archiv" seine Adresse. Dieser Name führt allerdings in die Irre, sowohl was die ursprüngliche Nutzung anbelangt als auch

Rückseite Persiusspeicher

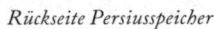

Desolate Häuser

die gegenwärtige. 1716 begann auf der anderen Straßenseite die „Königliche Brauerei" das berühmte Potsdamer Stangenbier herzustellen. Ein alkoholreicher Gerstensaft, der leicht schäumte und deswegen aus dünnen, hohen Gläsern, den Stangen, getrunken wurde. Damit konnten die Brauer an der Havel aber offenbar nicht bei jedermann Gaumenfreuden auslösen. König Friedrich Wilhelm I. machte seinem Unmut mit den harschen Worten Luft, er habe „ihr dünnes, saures und ungesundes Biergesöff nunmehr lange genug ertragen müssen", und drohte, „bei nicht eintretender Verbesserung ein Exempel zu statuieren". 1834 nahm die Brauerei nicht nur einen Ortswechsel in die Leipziger Straße 60 vor, sondern sie stellte auch die Produktion von ober- auf untergäriges bayerisches Lagerbier um. Die neuen Besitzer der Potsdamer Actien-Brauerei trieben tief in den Berg Keller, um dort ihr Bier mit Eis zu kühlen. Nach 1945 zog das Potsdamer Filmarchiv auf dem Gelände ein. Dann kam die Wende. Anhänger der linksalternativen Szene besetzten kurzerhand die leer stehende Immobilie und bauten das „Archiv" zu einem „unkommerziellen Wohn- und Kulturzentrum" um samt Open-Air-Bühne, Sporthalle, Kunstatelier, Theaterwerkstatt, Kneipe.

Nach einer gewaltsamen Räumung 1997 konnte sich das alternative Projekt aber mit den Stadtvätern auf eine dauerhafte und nun vor allem legale (und auch nicht zu verachten: mietfreie) Nutzung einigen. Bei den Partys und Konzerten braucht man für den Eintritt daher nicht tief in die Tasche zu greifen. Auch im „Archiv" sind übrigens schon Locationscouts auf der Suche nach originellen Schauplätzen fündig geworden. Nicht für teure Hollywood-Produktionen, versteht sich, aber – entsprechend der hier verkehrenden Klientel – für avantgardistische Musikvideos.

Ich gehe jetzt wieder am „blu" vorbei zurück zur Heinrich-Mann-Allee und halte vor dem riesigen Gebäudekomplex auf der linken Seite. Auch dieser klassizistische, später mit einem neubarocken Hauptportal versehene Bau hat in seiner Geschichte schon mehrere Besitzer kommen und wieder gehen sehen. Eingeweiht wurde er 1822 als Ausbildungseinrichtung der preußischen Armee. 1919 verpflichteten die Siegermächte im Versailler Vertrag den Kriegsverlierer Deutschland, sämtliche Kadettenanstalten im Reich aufzulösen und einer friedlichen Nutzung zuzuführen. So richtig friedlich sollte es dann hier aber nach Hitlers Machtübernahme nicht

Staatskanzlei

mehr weitergehen. Die Nazis eröffneten in dem Gebäude ihre zweite „Nationalpolitische Erziehungsanstalt", NPEA, besser bekannt unter der Abkürzung Napola. Welcher Ton in einer solchen „Elite-Schule" in etwa herrschte, konnte man 2004 in dem deutschen Kinofilm „Napola. Elite für den Führer" mit Tom Schilling und Max Riemelt erleben. Ziel der Napolas war es, junge Männer mit enorm viel Drill zu fanatischen Nazis zu erziehen. Heute ist die so schön sanierte Anlage Sitz der brandenburgischen Staatskanzlei sowie der meisten Ministerien. Nicht zuletzt am Giebel lässt sich dieser friedliche Nutzungswechsel ablesen: „Die Staatsgewalt geht vom Volke aus". Auf der anderen Straßenseite sind auch nahezu alle Häuser restauriert oder durch Neubauten, wie etwa das des Alfred-Wegener-Instituts, ersetzt worden. Falls aber der Ministerpräsident einmal aus seinem Fenster schauen sollte, muss er ausgerechnet genau gegenüber auf eine noch ziemlich ramponierte Fassade blicken.

Nur ein paar Gehminuten weiter und ich befinde mich wieder am Ausgangspunkt meines heutigen Spaziergangs: an der Tram-Haltestelle zwischen dem Alten und Neuen Friedhof. Wieder einmal fällt mir bei dieser Gelegenheit auf, wie kurz die Wege in Potsdam doch eigentlich sind. Was auf der Karte recht weit entfernt erscheint, lässt sich zu Fuß mühelos bewältigen.

Havel-Aal grün in Dill-Sahne-Soße

Zutaten für 5 Personen

ca. 350 g Aal pro Person
500 g Kartoffeln

Für den Fischsud:
125 ml Weißwein
125 ml Wasser
1 Bund Suppengrün
2 große Zwiebeln
4 Lorbeerblätter
1 EL Piment
Salz

Für die Soße:
250 g Butter
200 g Mehl
200 ml Fischsud
400 ml Sahne
Saft von 1–2 Zitronen
1 Bund Dill
Salz
Zucker

Zubereitung

Für den Fischsud das Suppengrün waschen und klein schneiden, die Zwiebeln grob zerkleinern, Lorbeerblätter und Piment hinzufügen und in Weißwein und Wasser 15 Minuten kochen. Mit Salz abschmecken. Den Sud abseihen.

Den küchenfertigen Aal in 5-cm-Stücke schneiden, in den Sud geben, kurz aufkochen und etwa 20–25 Minuten ziehen lassen.

Die Kartoffeln schälen und in Salzwasser gar kochen.

Für die Soße Butter in einem Topf zerlassen, mit Mehl zu einer Schwitze anrühren. Mit dem Fischsud ablöschen. Sahne unterrühren, mit Salz, Zucker und Zitronensaft abschmecken. Dill klein hacken und einrühren. Den Fisch und die Kartoffeln mit der Soße anrichten.

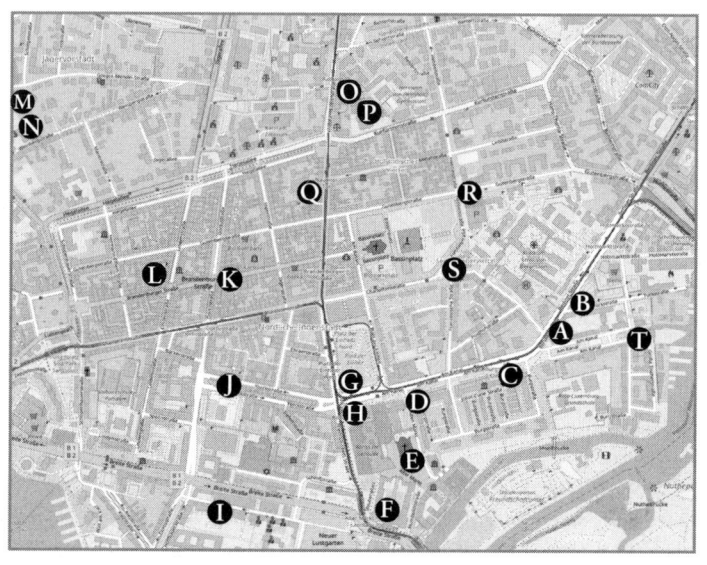

A	Wohnhaus De Catt
B	Berliner Tor
C	Al Farouk Moschee
D	Prima-Markt
E	Alter Markt
F	Kantine Landtag
G	Denkmal f. d. unbekannten Deserteur
H	Bildungsforum
I	Ausstellung „20. Juli 1944"
J	Stadtkanal

K	Wist - Der Literaturladen
L	Gedenkstätte Lindenstraße
M	Löwenvilla
N	Belvedere
O	Hofcafé
P	Wunderkind
Q	Galerie Lidiya
R	ehem. Depot d. Städtischen Straßenreinigung
S	Französische Kirche
T	Kellertor

Dritter Spaziergang

Stadtmitte – Jägervorstadt

Wo nichts so ist, wie es scheint –
Potsdam als Potemkinsches Dorf

Mein erster Anlaufpunkt bei einem Besuch der Potsdamer Altstadt ist oft der Platz zwischen Am Kanal und der Heilig-Geist-Straße. Nicht weil er etwa zu den schönsten zählt – das tut er nicht. Er ist noch nicht einmal ein Platz im eigentlichen Sinne, sondern lediglich ein Teil des Anfang des 1960er-Jahre zugeschütteten Stadtkanals. Aber hier findet sich einer der raren Orte in Potsdam, wo man noch, ohne auf den Geldbeutel und die Uhrzeit achten zu müssen, unbeschwert parken kann. Und von dem aus sich zudem fast alles per pedes bequem erledigen lässt. Leider ist dies schon längst kein Geheimtipp mehr, wie ich es immer wieder an den Autokennzeichen aus allen Teilen der Republik und darüber hinaus erkenne. Ich habe heute aber Glück und finde gleich am Anfang auf der linken Seite eine freie Stelle zum Parken. Direkt vor einer schlichten Gedenktafel. Sie erinnert an Henri Alexandre de Catt, der in diesem Eckhaus von 1773 bis 1795 wohnte. Er wird dabei als „Vorleser Friedrich des Großen" vorgestellt, was nicht nur grammatisch falsch, sondern in dieser Verkürzung einer ziemlichen Untertreibung gleichkommt. Seine Bekanntschaft mit dem König verdankte de Catt (1725–1795) einem amüsanten Zufall.

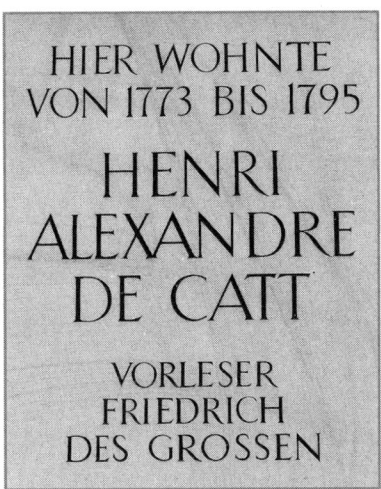

HIER WOHNTE
VON 1773 BIS 1795

HENRI
ALEXANDRE
DE CATT

VORLESER
FRIEDRICH
DES GROSSEN

Gedenkplakette De Catt

Wie einst die Kalifen im
alten Orient mischte sich
auch Friedrich II. gele-
gentlich inkognito un-
ters Volk. Im Jahre 1755 reiste er als angeblicher „Kapellmeister
des polnischen Königs" in die Niederlande. Dabei begegnete
er dem jungen Gelehrten de Catt aus Morges am Genfer See.
Der ahnte nicht, wen er da vor sich hatte, und ließ sich deshalb völlig unbefangen mit Friedrich auf hitzige Diskussionen
über Gott und die Welt ein. Dem Alten Fritz imponierte dieses selbstbewusste Auftreten dermaßen, dass er de Catt ein-
lud, in seine Dienste zu treten. Als „Lecteur du Roi" sollte de
Catt allerdings nicht, wie es dieser Titel suggeriert, dem Monarchen vorlesen, sondern es verhielt sich umgekehrt. Friedrich
wollte mit de Catts Hilfe sein Französisch verbessern. Dabei
muss ihm der junge Schweizer offenbar sehr ans Herz gewach-
sen sein. Friedrich widmete ihm nämlich ein Liebesgedicht, in
dem er ihn gar als seinen „Verlobten" anbetete. Wieweit dabei
lyrischer Überschwang oder tatsächlich Erlebtes die königliche
Feder führte, ist nicht belegt und bleibt unserer Fantasie überlassen. Auf jeden Fall stieg de Catt zum Privatsekretär und engen Vertrauten des Königs auf, der ihn nahezu täglich zu sich
rufen ließ. Ein Glücksfall für uns ist, dass de Catt den Ver-
lauf dieser Gespräche wortgetreu notieren durfte, um so „eine

möglichst genaue Vorstellung von der Seele und dem Herzen dieses so außergewöhnlichen Fürsten zu erhalten". Die „Unterhaltungen mit Friedrich dem Großen" sind die Quelle vieler Zitate und Anekdoten, dank derer unsere Vorstellung des preußischen Monarchen bis heute sehr lebendig ist.

De Catts Wohnhaus Am Kanal 7 ist das älteste erhaltene barocke Typenhaus in Potsdam. Es gehört, wie eigentlich der gesamte linke Straßenzug – eine Handvoll Wohnungen in der Mitte einmal ausgenommen – dem Energieversorger E.DIS AG. Die Fassade ist historisch getreu wiederhergestellt worden und sieht tipptopp aus. Ich möchte wissen, ob der Energiekonzern bei der Sanierung auf der Rückseite ebenfalls weder Kosten noch Mühen gescheut hat. Dazu gehe ich um die Ecke kurz auf die Berliner Straße und biege sofort wieder rechts ab in die Türkstraße. Ertappt! Hier strahlt mich kein aufwendig restauriertes Gebäude an, sondern ein moderner, weiß verputzter Zweckbau. Den brauche ich mir jetzt nicht näher anzusehen, dafür weckt etwas anderes mein Interesse. Ich stehe nämlich vor einem halbrunden Bauwerk, das an dieser Stelle einen ziemlich verlorenen Eindruck macht. Wenn Ruinen reden könnten, dann wüsste auch diese eine lange Geschichte zu erzählen. Auf den ersten Blick erinnert der Bau an eine der Kulissen, wie sie auf dem Gelände des Filmstudios Babelsberg stehen. Dieses Fragment ist aber echt. Es handelt sich dabei um einen übrig gebliebenen Seitenflügel des Berliner Tors.

An Toren hatte Potsdam einst keinen Mangel, nur drei davon sind uns erhalten geblieben. Das Berliner Tor gehört nicht dazu. Als 1713 König Friedrich Wilhelm I. Potsdam zur Garnisonstadt erhob, musste eine Mauer her, die die zwangsverpflichteten Rekruten vom Desertieren abhielt und mit der man auch die Zolleintreibung kontrollieren konnte. Ein kleiner Teil davon ist heute noch zu sehen, rechts neben dem Zoll- und Wachhaus am ehemaligen Kellertor. Wir werden dort noch am Ende dieses Spazierganges vorbeikommen.

Das erste Berliner Tor entstand 1733, allerdings nicht an dieser Stelle, sondern an der Charlottenstraße. Friedrich Wilhelm I. hieß nicht ohne Grund Soldatenkönig, unter seiner Regentschaft wuchs das Militär zahlenmäßig ständig an, deswegen musste man die Stadtmauer öfters verschieben und somit auch die Lage der Tore korrigieren. Jan Bouman schuf 1752 ein neues Berliner Tor, das auf Anweisung Friedrichs II. einem antiken Triumphbogen nachempfunden wurde. Die daneben eingerichteten Zoll- und Wachstuben fielen ausnahmsweise einmal keinem Krieg zum Opfer, sie wurden 1896 kurzerhand abgerissen, aus Verkehrsgründen. Ein ähnliches Vorgehen haben wir ja schon am Beispiel der Gerichtslaube sehen können. Das Berliner Tor selbst stand noch ein halbes Jahrhundert, wurde im Zweiten Weltkrieg beschädigt und dann schließlich 1952 bis auf diesen einen heute noch existierenden Arkadenbogen abgetragen. Der Grund? Sie ahnen es sicher: Wieder einmal gewährten die Stadtväter dem Auto- und Tramverkehr Vorfahrt.

Ich setze meinen Spaziergang fort und gehe weiter auf der Straße Am Kanal entlang, Richtung Stadtmitte. Dabei bleibe ich zunächst auf der linken Seite, passiere einen originell gestalteten Zaun, der mit seinen applizierten Fischen an den hier ursprünglich verlaufenen Stadtkanal erinnern soll. An dieser Stelle beginnt ein lang gestreckter Neubaublock mit vorgesetzten kleineren Geschäften. Wenn ich Ihnen jetzt sage, dass ich nun, Am Kanal 61, vor der Al Farouk Moschee stehe, dann sollten sich vor Ihrem geistigen Auge keine Minarette auftürmen. Der „Verein der Muslime in Potsdam" hat vielmehr im Parterre dieses DDR-Plattenbaus eine äußerst spartanisch ausgestattete Unterkunft bezogen, gleich neben einem profanen Copy-Center. Um Allah bei ihren gemeinsamen Gebeten nah zu sein, können gläubige Muslime offenbar ganz gut auf Äußerlichkeiten verzichten. Dies entbehrt übrigens nicht einer gewissen Ironie, denn das berühmte Potsdamer Dampfmaschinenhaus, das einer stilechten maurischen Moschee so täuschend ähnlich sieht, dient dagegen als Pumpwerk für die Wasserbecken auf dem Ruinenberg und die Fontänen im Park Sanssouci.

Der Glaube versetzt Berge, heißt es, doch bei quälender Platznot stößt auch er an seine Grenzen. Denn seit der Flüchtlingskrise 2015 hat die stark anwachsende muslimische Gemeinde in Potsdam mit Raummangel zu kämpfen. Weil in ihrem viel zu kleinen Gebetsraum nicht für alle Platz ist, mussten einige der über 200 Muslime ihre Gebetsteppiche auf dem Bürgersteig ausrollen. Davon fühlten sich nicht wenige Passanten immer wieder gestört, ich vermute mal, umgekehrt verhielt es sich ebenso.

Ich mache mit Hassan Bekanntschaft, einem jungen Mann aus Syrien, der, obwohl er erst seit einem Jahr in Potsdam ist, sich schon erstaunlich gut auf Deutsch verständlich machen kann. Hassan zeigt mir arabischsprachige Graffitis, die Unbekannte nachts beim Eingang der Moschee gesprüht haben. Er übersetzt sie mir: „Eure Heimat braucht euch! Fahrt alle zurück nach Hause!" Ich wundere mich, warum Hassan dabei laut lacht, ich finde das gar nicht so lustig.

Dampfmaschinenhaus

Nach einem kurzen Exkurs in die Grammatik seiner Mutter-sprache verstehe ich seine Heiterkeit: die Fremdenfeinde müssen an ihrem Arabisch unbedingt noch arbeiten.

Eine Notlösung für die besonders zahlreich besuchten Freitagsgebete hatte die Gemeinde der Muslime zunächst in einem Gebäude der Tropenhalle „Biosphäre" gefunden. Dieses überdimensionale Gewächshaus wurde für die Bundesgartenschau 2001 gebaut und war natürlich für die Gläubigen nur eine Notlösung. Schon im Herbst 2017 stellt die Landeshauptstadt den Potsdamer Muslimen ein weiteres Gebäude zur Verfügung. Allerdings lässt sich auch das nicht mit unseren üblichen Vorstellungen einer Moschee in Einklang bringen. Es handelt sich dabei um ein ehemaliges Heizhaus gleich gegenüber der Al Farouk Moschee, in der Joliot-Curie-Straße. Immerhin wird man so in der Innenstadt bleiben können. In dem Gebäude, das auch über eine für die rituellen Fußwaschungen nötige begehbare Dusche verfügt, könnten dann – wohlgemerkt separat – auch Musliminnen die Predigten aus der Moschee per Videoübertragung verfolgen.

Ich gehe weiter, bleibe nach wenigen Metern vor den großen Schaufenstern des „Extavium" stehen. Sie können mit diesem Namen nichts anfangen? Kein Wunder, handelt es sich doch hierbei um ein Kunstwort. Im Jahr 2004 kam ein halbes Dutzend engagierter Eltern auf die Idee, ein „wissenschaftliches Mitmachmuseum" zu gründen. Ursprünglich hieß das ungewöhnliche Unternehmen Exploratorium Potsdam e. V., aber nicht ungewöhnlich genug, wie die Initiatoren wohl fanden. Denn man nannte sich schnell in „Extavium" um. In den Duden hat man es mit dieser kreativen Wortschöpfung zwar noch nicht geschafft, dafür aber in die Herzen zahlloser Kinder. Dennsdie können hier in Workshops und Experimentierkursen, abgestimmt auf die jeweilige Altersklasse, den Zugang zu den Naturwissenschaften auf spielerische und unterhaltsame Weise erlernen.

Am Ende der Ladenzeile bleibe ich dann *nicht* vor den Schaufenstern stehen, sondern betrete immer wieder gern das dazugehörige Geschäft. Es ist der „Prima Markt", ein russisches Spezialitätengeschäft, das vermutlich noch aus der Zeit der in Potsdam stationierten Rotarmisten stammt. Zurzeit wird gerade „original Krimsekt" beworben. Der löst sicher bei vielen trotz oder wegen des Embargos Gaumenfreuden aus. Auch Störkaviar im 50-Gramm-Gläschen für satte 34,99 Euro wartet auf zahlungskräftige Kunden. Ein gewiss verlockendes Angebot, aber ich lehne dankend ab. Vor mir liegt heute noch ein längerer Spaziergang, da muss der Großeinkauf leider ausfallen. Lediglich ein „Moskauer Eis" gönne ich mir. Das erinnert mich an meine Kindheit. Damals zählte diese Sorte zu den begehrten, weil seltenen Leckereien, die es daher oft nur unter dem Ladentisch zu kaufen gab. Streng genommen ist das „Moskauer Eis" nichts Außergewöhnliches, sondern ein schlichtes Sandwich-Eis, das seinen unverwechselbaren Geschmack vor allem der Verwendung russischer Kondensmilch verdankt. Ich brauche für das butterstückgroße Eis nicht lange. Ehe ich aber die inzwischen recht klebrige Verpackung wegwerfe, überfliege ich die kyrillischen Buchstaben, versuche das eine oder andere Wort mit meinem dürftigen Schul-Russisch zu entziffern. Ich verstehe allerdings nur Bahnhof, die vielen Jahre Russisch-Unterricht waren also für die Katz. Eines aber verstehe ich gut, denn das hat man von Rechts wegen wohl auf Deutsch vermerken müssen: „Hergestellt in der Tschechischen Republik".

Ich biege jetzt nach links ab auf die Straße Am Alten Markt. Sie führt, der Name sagt es, zum Alten Markt. Vor wenigen Jahren noch herrschte auf dem Platz eifriges Treiben. Das tut es heute meist auch, allerdings geht dies inzwischen von Touristen und Reisegruppen aus. Bis vor einiger Zeit waren es Baufahrzeuge und -arbeiter. Damals bedauerte ich die Anwohner wegen des ständigen Lärms, beneidete sie aber wiederum

Kontrast – DDR-Plattenbau und Nikolaikirche

wegen dieser fantastischen Lage. Auch wenn man in einem dieser, gerade vor einer solch imposanten Kulisse, besonders abstoßend wirkenden DDR-Wohnsilos wohnt. Man brauchte damals noch reichlich Fantasie, um sich den künftigen Alten Mark in seiner alten Pracht als Gesamtkunstwerk vorstellen zu können. Ich gehe am Alten Rathhaus vorbei zum neulich eröffneten Palast Barberini. Der bereits im ersten Spaziergang erwähnte Unternehmer Hasso Plattner hat das Gebäude restaurieren lassen und es der Stadt als Museum gestiftet. Mitunter ist der Andrang so groß, dass die Kunstinteressierten lange Wartezeiten in Kauf nehmen müssen. Aber Schlangestehen ist (älteren) Potsdamern ja noch ein vertrautes Bild. In den gut sieben Monaten seit der Eröffnung im Januar 2017 besuchten das Museum mehr Menschen als im gesamten Vorjahr das Schloss Sanssouci. Das hätte ich nicht für möglich gehalten! Ausstellungen wie „Von Hopper bis Rothko. Amerikas Weg in die Moderne" oder über die französischen Impressionisten standen bereits auf dem Programm. Ich finde es beachtenswert, dass man im Herbst 2017 dann das Augenmerk auf das Schaffen der ostdeutschen Künstler lenken möchte. Unter dem Titel „Hinter der Maske. Künstler in der DDR" wird das „Barberini" über

100 Werke zeigen. Gleichzeitig ist die einstige Galerie des „Palasts der Republik" in Berlin zu sehen, für die in der Mitte der 1970er-Jahre über ein Dutzend Auftragswerke angefertigt worden sind. Diesen Hinweis wollte ich mir jetzt nicht verkneifen, lässt er doch die Kritik der ewigen Nörgler ins Leere laufen. Also jener Zeitgenossen, die ihre DDR-Vergangenheit wie eine Monstranz vor sich hertragen und dabei ständig am Lamentieren sind, wie schamlos arrogant die Besserwessis auf sie und ihr Leben im Arbeiter- und Bauernstaat herabblicken würden.

Die imposante Nikolaikirche gegenüber dem Museum Barberini zählt zu den offenen Kirchen, Gäste sind willkommen, der Eintritt ist frei, man bittet nur um einen kleinen Geldbetrag als Spende. Lediglich für die Turmbesteigung werden fünf Euro fällig. Auch diese Kirche erlitt während des Zweiten Weltkriegs starke Beschädigungen, sie wurde allerdings schon zu DDR-Zeiten wieder aufgebaut – dank finanzieller Hilfe der evangelischen Kirche aus dem Westen.

Ein Opfer der britischen Luftangriffe war ebenso das stark zerstörte und wenige Jahre später abgerissene Potsdamer Stadtschloss. Das ist nun, mehr oder weniger originalgetreu, wieder aufgebaut worden – zumindest dessen Fassade. Heute hat hier der brandenburgische Landtag seinen Sitz. Am nördlichen Eingang zum großen Innenhof steht das Fortunaportal. Von Bomben zerstört und 1960 ebenfalls abgerissen, konnte es nach einer zweijährigen Bauzeit 2002 durch Spenden wieder errichtet werden. Als ein besonders großzügiger Mäzen erwies sich dabei der Neu-Potsdamer Fernsehmoderator Günther Jauch, der dank seiner Popularität nicht nur weitere Gönner ins Spenden-Boot holen konnte, sondern dafür auch selbst auf einen Großteil seiner Gagen verzichtete.

Seit einem Vierteljahrhundert wird in Potsdam heftig über das künftige Stadtbild diskutiert oder besser gesagt: gestritten. In der inzwischen mit großem Aufwand wiederhergestellten barocken Innenstadt stehen noch immer einige Bauten des sozialistischen Realismus. Diese sollen endlich weichen, sagen die einen. Nein, entgegnen die anderen, auch die DDR-Architektur ist Teil der Stadtgeschichte. Für mich ist die Sache ganz klar: Die Nachkriegsbauten mit ihrer oftmals regelrecht brutalen Ästhetik stehen einer lebendigen Entwicklung der Potsdamer Mitte entgegen. Man kann es drehen und wenden, wie man will, die alten DDR-Fassaden passen einfach nicht ins historische Stadtbild. Und mal Hand aufs Herz: Weder der berühmt-berüchtigte, asbestverseuchte Palast der Republik in Ostberlin, das sich unmittelbar in der Nähe befindliche Staatsratsgebäude noch andere „Wahrzeichen sozialistischer Baukunst" hatten uns zu DDR-Zeiten jemals in staunende Bewunderung versetzen können. Das soll nicht heißen, dass alles schlecht war, was zu DDR-Zeiten gebaut worden ist. Und natürlich ist nicht alles schön und gelungen, was nach der Wende entstand. Mir fällt da ganz spontan der Hauptbahnhof ein, der Potsdam fast den Titel als UNESCO-Weltkulturerbe gekostet hätte.

Zumindest hier am Alten Markt ist jetzt aber in einem wichtigen Fall das letzte Wort gesprochen. Ich meine die Fachhochschule gleich neben der Nikolaikirche. Sie als einen Schandfleck zu bezeichnen, wäre noch untertrieben. Architektonische Brüche können ja manchmal reizvoll sein, an dieser Stelle aber hat sich glücklicherweise die Vernunft durchgesetzt. Der Abriss ist von den Potsdamer Stadtverordneten beschlossen, daran konnte auch eine zeitweilige Besetzung nichts mehr ändern. Wenn Sie dieses Buch in der Hand halten, ist das Thema bereits Schnee von gestern. Die Abrissbirnen werden in den kommenden Wochen ihre Arbeit aufnehmen und, so hofft man, in der zweiten Jahreshälfte 2018 fertig sein. Sie schaffen Platz für ein modernes Quartier, in dem eine lebendige Mischung aus Wohnungen, Restaurants, Cafés und Bildungseinrichtungen entstehen soll. Das neue Bauensemble wird sich an dem historischen Stadtgrundriss orientieren. Damit nimmt man auch den Kritikern den Wind aus den Segeln, die meinen, das Potsdamer Zentrum werde auf diese Weise als imitierte Preußen-Kulisse für Touristen musealisiert.

Sie mögen sich vielleicht an dieser Stelle fragen, warum in einem Buch, das ja sicher nicht grundlos „Abseits der Pfade" als Untertitel führt, mit dem Alten Markt eine der meistfrequentierten Touristenattraktionen Erwähnung findet. Das ist schnell erklärt. Mein tschechisches „Moskauer Eis" hat mich zwar durchaus erfrischt, doch jetzt bekomme ich Appetit auf etwas Substanzielleres. Gaststätten gibt es in Potsdam viele, hier muss niemand hungern. Nur wenige wissen allerdings, dass die Landtagskantine im Stadtschloss keineswegs den Parlamentariern und Angestellten vorbehalten ist, sondern in schönster demokratischer Weise auch dem gemeinen Volk offensteht. Also auch mir. Sie befindet sich in der vierten Etage, zwei Fahrstühle stehen zur Verfügung. Gewiss, das Wort „Kantinenessen" ist im Allgemeinen eher negativ besetzt. Doch im Fall des brandenburger Landtags kann ich einen Besuch gleich aus mehreren Gründen empfehlen. Der banale: Die Preise sind unschlagbar günstig. Die Qual der Wahl bleibt einem auch erspart, es stehen nur vier Gerichte zur Auswahl. Aber das ist ja in einer Kantine auch nicht anders zu erwarten. Mir gefällt, dass der Küchenchef bei den Menüs viel Kreativität an den Tag legt. Den Gast erwartet stets ein abwechslungsreicher Mix aus traditioneller deutscher Küche (also entsprechend deftig) und exotischen Speisen. Dabei ist an jedem Tag immer ein internationales Gericht auf dem Speiseplan vertreten.

Ich will mich gerade der Entscheidung zwischen Boulette und Putenmedaillon stellen, als ich höre, dass der letzte Fleischkloß leider soeben ausgegeben wurde. Das mag sicher an den kulinarischen Vorlieben der Berlin-Brandenburger liegen. Ich lasse mir also ein gegrilltes Putenmedaillon auf Quinoa-Mais-Salat mit Mango und Koriander-Joghurt auf den Teller legen. Dafür muss ich gerade einmal 7 Euro bezahlen.

Unbezahlbar dagegen ist der fantastische Blick von der Dachterrasse auf den Innenhof des Schlosses und über die Dächer Potsdams. Wenn das Wetter mitspielt, sollten sie unbedingt versuchen, sich schnell einen Platz an der Sonne zu sichern. Ehe ich den Landtag wieder verlasse, schaue ich mich noch etwas im Foyer um. Dort sind wechselnde Ausstellungen zu sehen. Die aktuelle präsentiert eine Auswahl der bedeutendsten archäologischen Neuentdeckungen aus dem Land Brandenburg. Gut zu wissen: Falls oben in der Kantine einmal kein freier Platz mehr sein sollte, dann war der Weg nicht umsonst, man kann sich auch hier unten an einem kleinen Imbiss-Stand mit dem Nötigsten versorgen.

Ich laufe jetzt zurück zur Straße Am Kanal, überquere sie und gelange an den Platz der Einheit. Gleich neben dem großen Postgebäude werden Sie an dem schlichten Neubau aus den 1960er-Jahren eine Plakette entdecken. Sie erinnert daran, dass früher an dieser Stelle die Potsdamer Synagoge stand. Wie es auch in vielen anderen Städten passierte, hatten sie SA-Männer während der sogenannten „Reichskristallnacht" 1938 geschändet. Wegen der unmittelbaren Nähe zur Hauptpost blieb ihr eine Feuerlegung jedoch erspart. Sechseinhalb Jahre

Dachterrasse der Landtagskantine

später brannte sie dann aber doch, mehrere Treffer des britischen Luftangriffs vom 14. April 1945 ließen nur noch Trümmer übrig. Ein Wiederaufbau stand für die neuen Machthaber in Potsdam nicht auf der Tagesordnung – die jüdische Gemeinde der Stadt hat die Nazi-Diktatur nicht überlebt. Was für Stadtschloss und Garnisonkirche gilt, trifft heute aber auch auf das jüdische Gotteshaus zu. Nicht nur wegen der Einwanderung vieler jüdischer Emigranten aus den ehemaligen Sowjetrepubliken besteht wieder ein Bedarf für eine Synagoge. In den kommenden Jahren soll deswegen in Potsdam eine neue entstehen. Dafür wirbt seit drei, vier Jahren ein Großplakat an einer Fassade am Neuen Markt: „Potsdam baut doch eine Synagoge. Helfen Sie mit! Spenden Sie!" Das Wörtchen „doch" mag an dieser Stelle etwas verwundern. Es deutet an, dass dieser Absicht offenbar allerhand Streit vorausgegangen sein muss.

Die Online-Ausgabe der „Jüdischen Allgemeinen" berichtet zuweilen auch über Potsdam. Dort konnte ich die Hintergründe des Konfliktes erfahren. Bis vor einigen Jahren gab es in der brandenburgischen Hauptstadt die Jüdische Gemeinde Potsdam und die Gesetzestreue Jüdische Landesgemeinde. Dort fühlten sich manche – besonders religiös eingestellte – Juden allerdings nicht so richtig wohl. Einige hatten sogar Hausverbot erhalten. Grund genug, eine neue Gemeinde zu gründen: die Synagogen-Gemeinde Potsdam. Nun kann man sich leicht vorstellen, dass es auch und vor allem wegen des geplanten Synagogenneubaus allerhand Zwist gegeben hat. Das Land Brandenburg verhängte deswegen sogar einen Baustopp. Für Außenstehende mag die Kontroverse etwas befremdlich erscheinen. Denn da ging es unter anderem um solche Fragen wie die, ob die Gebetsräume unbedingt in der obersten Etage untergebracht sein müssen und ob die Fassade der Synagoge sakral oder vielleicht nicht doch eher schlicht ausfallen sollte. Mal sehen, ob es dem Synagogen-Förderverein Potsdam e.V. gelingen wird, die drei Gemeinden zu einem Kompromiss zu bewegen.

Potsdams finstere Vergangenheit

An die Verbrechen der NS-Diktatur wird man auch gegenüber auf dem Platz der Einheit erinnert. Einmal ganz direkt, das zweite Mal etwas subtiler und sich nicht nur auf die Nazi-Zeit beschränkend. Wenn Sie jetzt über die Straße gehen, erreichen Sie zuerst das noch aus der DDR-Ära stammende Denkmal. Der Text, an einer schlichten halbrunden Steinmauer angebracht, ist für jene Zeit typisch und so oder so ähnlich auch an zahllosen anderen Orten im Osten Deutschlands zu finden:

Unser Opfer / Unser Kampf / Gegen Faschismus und Krieg / Den Lebenden zur Mahnung und Verpflichtung

Ein paar Schritte weiter kommen Sie auf der gegenüberliegenden Ecke zu einem weiteren Mahnmal, dieses aus weißem Carrara-Marmor. Denkmäler für die gefallenen Soldaten gibt es ja wie Sand am Meer, Mehmet Aksoy hat seine Skulptur aber dem unbekannten Deserteur gewidmet. Eigentlich schuf der türkische Bildhauer dieses originelle, sich nicht gleich auf den ersten Blick erschließende Monument für den Friedensplatz in Bonn. Dafür war aber 1989 die Zeit noch nicht gekommen. Ich erinnere mich gut an die damalige Debatte. Die

Rehabilitierung der Deserteure aus den Reihen der Wehrmacht war höchst umstritten. Dabei war ihre Anzahl enorm hoch. Die nationalsozialistischen Wehrmachtsrichter hatten an die 30.000 Todesurteile gegen Deserteure verhängt. Erst 2002 hob der Deutsche Bundestag diese Urteile auf. Besser spät als nie. In der früheren (west-)deutschen Hauptstadt aber stießen damals Aksoys beide Marmorblöcke auf Ablehnung. Das Bonner Friedensplenum überließ das Denkmal daher der Partnerstadt Potsdam als Dauerleihgabe. Mehmet Aksoy hat sich bei seiner Arbeit von Kurt Tucholsky inspirieren lassen. Der Antimilitarist hatte unter dem Pseudonym Ignaz Wrobel 1925 in der „Weltbühne" geschrieben: „Wie lange noch lassen sich erwachsene Menschen einreden, dass eine sinnlose und anarchische Organisation zwischen den Staaten ein Recht hat, das Leben zu nehmen? Wie lange noch lassen sich Mütter die Söhne, Frauen die Geliebten, Kinder den Vater abschießen für eine Sache, die nicht die Kosten für den Mobilmachungsbefehl wert ist? Wie lange noch wird Mord sanktioniert, wenn der Mörder sich nur vorher eine Berufskleidung anzieht, seine Kanonen grau anstreicht, seine Gasbomben von der Kirche einsegnen lässt und sich überhaupt gebärdet wie der Statist einer Wagner-Oper?" Anstelle der zahllosen Kriegerdenkmäler forderte Tucholsky am Ende seines Textes endlich eine Gedenktafel mit der Aufschrift, wie sie nun sieben Jahrzehnte und einen Weltkrieg später auf einer Steinplatte in Potsdam Wirklichkeit geworden ist:

Hier lebte ein Mann
der sich geweigert hat
auf seine Mitmenschen zu schießen
Ehre seinem Angedenken!

Man bedenke nur, ausgerechnet ein solches Mahnmal in der einstigen Hauptstadt des preußischen Militarismus! Welche

Denkmal für den unbekannten Deserteur

Ironie – Kurt Tucholsky hätte sicherlich seine Freude daran gehabt.

Ich gehe jetzt zu dem großen, hellen Neubau auf der anderen Seite der Straße Am Kanal hinüber. Dabei handelt es sich, laut Eigenwerbung, um „das klügste Haus der Stadt". Nein, es handelt sich nicht um das Rathaus und es ist auch nicht Teil der Potsdamer Universität. Ich stehe vor dem „Bildungsforum", das die Stadt- und Landesbibliothek (SLB), die Volkshochschule und die Wissenschaftsetage unter einem Dach versammelt. An genau dieser Stelle befand sich bereits zu DDR-Zeiten die große Stadtbibliothek, die damals allerdings noch Wissenschaftliche Allgemeinbibliothek hieß. Ich kann mich noch gut an die vielen Besuche hier erinnern, als ich als NVA-Angehöriger der Enge meines damaligen Standortes in der Stadt Brandenburg zu entfliehen versuchte. Die Wissenschaftliche Allgemeinbibliothek sah mit ihren Wabenelementen genau wie die Fachhochschule aus, eben ein typischer DDR-Bau, wie man ihn auch in anderen ostdeutschen Großstädten finden konnte. Oftmals bin ich nur aus dem einzigen Grund nach Potsdam gekommen, um hier Bücher auszuleihen oder zurückzugeben. Im Bestand dieser Bibliothek fanden sich nämlich auch Bücher

Stadt- und Landesbibliothek

aus westlichen Verlagen, und zwar nicht, wie sonst üblich, für Otto Normalleser unerreichbar im „Giftschrank" weggesperrt. Es ist zwar schon so viele Jahre her, aber ich erinnere mich immer noch sehr gut an die britischen Penguin-Paperbacks. Wer in der DDR amerikanische oder englische Literatur im Original lesen wollte, musste sich mit ganz wenigen Titeln zufriedengeben. Und das waren allesamt „nur" Klassiker wie Dickens, Defoe oder Twain. Gewiss nicht die schlechteste Lektüre, aber auch nicht besonders dafür geeignet, sich in Sachen englischer Gegenwartssprache auf dem Laufenden zu halten. Diese Bücher stammten zudem aus einem russischen Verlag, der, aus welchen Gründen auch immer, dickes, blütenweißes Hochglanzpapier verwendete. Das mag für Illustrationen und Fotos ideal sein, eine längere Lektüre sorgte bei mir jedoch immer für müde Augen.

Unvergesslich bleibt mir auch die Gesamtausgabe Friedrich Dürrenmatts aus dem Diogenes Verlag. Dürrenmatt war zwar in der DDR ein oft gespielter und auch nachgedruckter Autor, das traf aber nicht auf alle seine Essays zu. Kein Wunder, denn darin übte der Schweizer Autor zuweilen nicht nur deutliche Kritik an seiner Heimat und am Westen, sondern auch an dem real existierenden Sozialismus. Mir ist bis heute schleierhaft geblieben, wie in dem sonst so perfekt kontrollierten Buchbestand solche – aus kommunistischer Sicht – subversive Texte unentdeckt bleiben konnten.

Diesen Reiz des Verbotenen strömt die Stadt- und Landesbibliothek heute freilich nicht mehr aus. Bücher stehen üblicherweise nicht mehr auf dem Index und sind jedermann zugänglich. Ich schaue aber trotzdem immer wieder gern in der SLB vorbei. Mir gefällt die Atmosphäre im lichtdurchfluteten Foyer. Die Bücher in der Freihandausgabe mögen in ihrer Zahl zwar nicht überwältigend sein, dafür aber verfügt das Magazin mit der „Brandenburgica" über eine erstklassige Regionalsammlung. Die lässt sich nach Herzenslust durchstöbern, kostbare Titel befinden sich allerdings im Magazin, stehen jedoch nach verhältnismäßig kurzer Zeit jedem Leser zur Verfügung.

Ich setze meinen Spaziergang nach links auf der Friedrich-Ebert-Straße fort, betrachte jetzt die andere Seite der Fachhochschule und fühle mich dabei in meiner Auffassung bestärkt, dass der Abriss des Gebäudes dem künftigen Stadtbild nur guttun wird. Ich passiere den Marstall. Das lang gestreckte Gebäude war früher einmal die Orangerie, bis sie Friedrich Wilhelm I. zum Pferdestall umbauen ließ. Auch dieser nicht zuletzt wegen seiner Länge so beeindruckende Bau erlitt während des Zweiten Weltkriegs Schaden. Er wurde aber während der DDR-Zeit restauriert und zählte als „Filmmuseum Potsdam" damals auch mich zu seinen begeisterten Besuchern. Jetzt gelange ich auf die Breite Straße. Es weht mir plötzlich eine erfrischende Brise entgegen. Kein Wunder, ich stehe vor einem großen, unbebauten Areal. Das diente zu Zeiten der preußischen Könige als Exerzierplatz. Im Arbeiter- und Bauernstaat stand hier das Ernst-Thälmann-Stadion. Das musste 2001 der Bundesgartenschau weichen. Heute lädt an der Stelle der Neue Lustgarten zum Flanieren ein. Allerdings gibt es auch hier einen Wermutstropfen. Damit meine ich das Mercure Hotel, auf dessen 17 Etagen ich gerade schaue. Neben der Fachhochschule sorgt dieses Gebäude ebenfalls für besonders emotional geführte Diskussionen: Was soll damit geschehen? Abreißen oder erhalten? Das einstige DDR-Interhotel ist der Bürgerinitiative „Mitteschön" ein Dorn im Auge. Sie hat die Wiederherstellung der historischen Mitte Potsdams auf ihre Fahnen geschrieben, und da stört auch dieses weithin sichtbare Symbol der sozialistischen Umgestaltung Potsdams. Die Initiative hat viele prominente Fürsprecher. Günther Jauch zum Beispiel oder auch Wolfgang Joop. Letzterer wurde 1944 in Potsdam geboren, 1954 zog seine Familie nach Braunschweig. Der Designer kehrte nach der Wende nach Potsdam zurück, erst in die pompöse „Villa Wunderkind" am Heiligen See, jetzt wohnt er im alten Familienanwesen in Bornstedt unweit vom Park Sanssouci. Der Alt-Neu-Potsdamer findet in der hiesigen Lokalpresse mit seiner Meinung immer wieder ein offenes Ohr. Dabei lässt er es häufig nicht an Spott fehlen. Zur Annäherung an den historischen Grundriss der Stadtmitte gibt es für Joop keine Alternative, er empfinde die endlose Diskussion mit den alten „roten Socken" überdies als lästig. Beim Mercure fühlt sich Joop an die altmodischen Hotels an Bulgariens Schwarzmeerküste erinnert, seiner Meinung nach ein Grund, warum viele den bulgarischen „Goldstrand" meiden würden.

Parallel zur Breiten Straße verläuft die Henning-von-Tresckow-Straße. Sie endet direkt am „Mercure". Ich folge ihr nun, gelange zu einem großen Gebäudekomplex, an dessen Fassade ich eine Gedenktafel bemerke. Sie erinnert an Adam von Trott zu Solz. Der Widerstandskämpfer gegen das NS-Regime wurde hier am 9. August 1909 geboren. In dem Haus befand sich die Dienstwohnung seines Vaters, des Oberpräsidenten der Provinz Brandenburg, heute gehören die Räume zum Sitz des brandenburgischen Innenministeriums. Es ist kein Zufall, dass ich an dieser Stelle mit dem Thema „Widerstand im Dritten Reich" konfrontiert werde. Denn genau das ist der

Anlass, warum ich diesen Weg eingeschlagen habe. Die Straße trägt nicht grundlos den Namen Henning von Tresckows. Ich möchte mir die ständige Informationsausstellung ansehen, die an ihn und den militärischen Widerstand gegen das NS-Regime erinnert, wobei das gescheiterte Attentat auf Hitler vom 20. Juli 1944 im Mittelpunkt steht. Ich gehe weiter und erreiche am Ende der Straße mit der Hausnummer 2–8 das Ministerium für Infrastruktur und Landesplanung. Einen besseren Ort für eine solche Ausstellung hätte man in Potsdam kaum finden können, denn bei diesem Gebäude handelt es sich um jene berühmte Kaserne, an der auch zahlreiche Offiziere des Widerstandes ihren Dienst geleistet haben. Hier war das Erste Garde-Regiment zu Fuß stationiert, es erhielt nach dem Ersten Weltkrieg den heute bekannteren Namen 9. Infanterie-Regiment. Seinerzeit nannte man es auch zuweilen „Graf Neun", wegen der besonders vielen Offiziere beziehungsweise Offiziersanwärter blauen Blutes. Fast zwei Dutzend Widerstandskämpfer wie Henning von Tresckow, Axel von dem Bussche und Ferdinand Freiherr von Lüninck stammten aus diesem Regiment, auch der spätere Bundespräsident Richard von Weizsäcker diente bis Kriegsende als „Neuner".

Auf die Ausstellung wird zwar am Gebäude hingewiesen, der Eingang dazu ist allerdings nicht so leicht zu finden. Ich laufe zurück zum Innenministerium, frage nach und erhalte vom dortigen Pförtner die Auskunft, doch bitte beim Eingang Nr. 2–8 die Klingel neben dem seltsamen Schild „MIL Wache" zu betätigen. Geschafft. Ich werde eingelassen und gehe einen endlos lang erscheinenden, weiß getünchten Gang entlang. Auf der linken Seite reiht sich eine Tür an die andere, ich kann mir gut vorstellen, dass die damals zu den „Stuben" führten, wie im Militär-Deutsch die Unterkunftsräume immer noch heißen. Heute weisen Namensschilder auf diverse Sachbearbeiter hin. Mir kommt kein Mensch entgegen, ich höre auch keinen Ton. Man ist hier offensichtlich hoch konzentriert bei der Arbeit, nehme ich einmal gutwillig an. Dann erreiche ich schließlich am Ende des Ganges die Ausstellungsräume. An den Wänden befinden sich Schautafeln, die Fotos von zahlreichen Mitgliedern der Verschwörung zeigen und biografische Informationen liefern, sowie historische Stadtaufnahmen und Karten. Sie vermitteln allesamt freilich nur einen kurzen Überblick über das Thema „20. Juli 1944". Wer an tiefer ins Detail gehenden Informationen interessiert ist, wird um die Lektüre entsprechender Veröffentlichungen nicht herumkommen.

In einer Endlosschleife läuft auf einem kleinen Monitor ein Ausschnitt aus der Dokumentation „Geheime Reichssache – Die Angeklagten des 20. Juli vor dem Volksgerichtshof". Dessen entsetzlicher Präsident Roland Freisler redet sich gerade in Rage, er brüllt, er höhnt, er droht. Vor ihm steht der mitangeklagte Generalfeldmarschall Erwin von Witzleben, vergeblich um eine militärische Haltung bemüht, denn ihm wurde zuvor, um ihn zusätzlich zu demütigen, der Hosengürtel abgenommen. Die Verteidiger schweigen betreten vor sich hin, sie haben in dem Schauprozess mit den bereits feststehenden Urteilen ohnehin nichts zu sagen. Schrecklich. Ich bin der einzige Besucher in den Ausstellungsräumen. Das mag am sonnigen Sommerwetter draußen liegen oder an mangelndem Interesse, vielleicht aber ist diese Ausstellung auch einfach nur zu wenig bekannt. Ich verlasse die ehemalige Kaserne des 9. Infanterie-Regiments mit einem beklemmenden Gefühl.

Ich gehe die paar Schritte weiter auf der Henning-von-Tresckow-Straße bis zur Kreuzung, biege dort rechts in die Dortustraße ab. Schon an der nächsten Kreuzung erwartet mich ein weiterer „Abriss-Kandidat". Ich spreche vom Rest des früheren Rechenzentrums. Ein Blick darauf genügt, um zu ahnen, dass auch dieses Gebäude, das den „Charme" sozialistischer Baukunst ausstrahlt, in der streitfreudigen Stadt Potsdam für lebhafte Diskussionen sorgt. Es soll verschwinden, nicht nur weil es hässlich ist, sondern weil es im Wege steht. Zurzeit wird der

Ausstellung „Potsdam und der 20. Juli 1944"

Verwaltungsbau des einstigen Rechenzentrums, das aus dem Jahr 1971 stammt, als Kunst- und Kreativhaus genutzt. Noch. Es muss Platz machen für den Neubau der berühmten Garnisonkirche. Diese wurde bekanntlich im Krieg beschädigt und 1968 von den Kommunisten nur allzu gern gesprengt.

Auch beim Thema „Garnisonkirche" tun sich einander unversöhnlich gegenüberstehende Fronten auf. Als Gotteshaus braucht sie niemand, ehrlich gesagt, die Kirchen klagen über Mitgliederschwund und bekommen ihre Häuser außer an Heiligabend nie voll. Trotzdem soll im Herbst 2017, nach etlichen Verzögerungen, mit dem Nachbau der Barockkirche begonnen werden. Zumindest mit dem knapp 90 Meter hohen Turm, die originalgetreue Rekonstruktion des Kirchenschiffs steht nicht mehr auf der Tagesordnung. Da dürfte diesmal auch kaum noch etwas dazwischenkommen. Immerhin hat Bundespräsident Frank-Walter Steinmeier die Schirmherrschaft übernommen. „Einen Ort der Schande baut man nicht wieder auf!", das hat mir neulich ein betagter Potsdamer gesagt. Er bezog sich damit auf jenen berüchtigten „Tag von Potsdam", also den 21. März 1933, als in eben dieser Garnisonkirche die Nationalsozialisten in einem mit großem Brimborium in Szene gesetzten

Staatsakt die preußische Tradition für sich zu vereinnahmen suchten. Die Befürworter des Nachbaus sehen das freilich ganz anders. Für sie ist die Garnisonkirche ein wichtiges Symbol Preußens, das gerade im möglichst historisch getreu restaurierten Potsdam nicht fehlen darf. Den „Tag von Potsdam" wischen sie zwar nicht vom Tisch, damals sei die Kirche von den Nazis missbraucht worden. Nicht zuletzt sei die Garnisonkirche aber auch für die zahlreichen Offiziere des militärischen Widerstands eine geistige Heimat gewesen.

Rund 38 Millionen Euro soll allein der Bau des Turms kosten. Man muss kein Pessimist sein, um vorherzusagen, dass bei dieser stolzen Summe wohl sicher nicht das letzte Wort gesprochen worden ist. Was aber mit dem vielen Geld gerade passiert, das kann übrigens jedermann auf der ganzen Welt beobachten. Eine Webcam ist gegenüber auf dem Gebäude der Industrie- und Handelskammer installiert worden. Sie liefert alle 15 Minuten ein aktuelles Bild von den Bauarbeiten auf der Breiten Straße.

Platz für den Neubau der Garnisonkirche

Kulinarische Weltstadt

Ich setzte meinen Spaziergang auf der Dortustraße fort, unterbreche ihn dann kurz an der Yorckstraße. In der Mitte der Straße
sieht man einen Rest des alten Stadtkanals. Allerdings, wie so
häufig, ohne Wasser, der Boden ist von Gras bedeckt. Den Stadtkanal hatte man bereits im Mittelalter zur Entwässerung von
Sumpfgebieten am Nordufer der Havel angelegt. König Friedrich Wilhelm I. ließ ihn 1722 vertiefen, sodass dann auch Schiffe
durch die Stadt fahren konnten. Sein Sohn, Friedrich der Große,
ersetzte die Holzverschalung durch grachtenähnliche Ziegel-
wände. Auf alten Stichen, Gemälden und Fotografien, die den
Wasserweg zeigen, verströmt er auf diese Weise ein wenig hol-
ländisches Flair. Dass Potsdam heute ohne seinen Kanal aus-
kommen muss, ist nicht den Verwüstungen des Krieges geschul-
det. Wie bereits zu Beginn kurz erwähnt, ließen ihn die Stadtväter Anfang der 1960er-Jahre zuschütten. Dafür gab es mehrere
Gründe. Neben der zunehmenden Geruchsbelästigung wollte
man sich das Geld für das ständige Schlammausbaggern sparen.
Doch auch dieser städtebauliche Eingriff soll peu à peu wieder
rückgängig gemacht werden. An zwei Stellen kann man das bereits sehen: hier an der Yorckstraße und an einem weiteren Ort,
wie wir dann am Ende dieses Spazierganges noch sehen werden.

Bei dem etwa 300 Meter langen, anlässlich der Bundesgartenschau im Jahr 2001 freigelegten und offenbar nicht ganz dichten Kanalstück entlang der Yorckstraße lohnt ein näherer Blick auf das blau gestrichene Geländer. Weil bekanntlich Geld selbst für noch so ehrenwerte Restaurierungsarbeiten nicht vom Himmel fällt, kam der Förderverein für den Wiederaufbau des historischen Stadtkanals e.V. auf eine ausgefallene Idee des Fundraising: Man bot spendablen Mäzenen an, sich für den sinnigen Beitrag von exakt 2001 DM verewigen zu lassen. So tragen die 185 gusseisernen Pfosten allesamt Namen von (nicht nur) prominenten Spendern. Ich habe den des ehemaligen Potsdamer Ministerpräsidenten Matthias Platzeck entdecken können. Der Humorist Vicco von Bülow, besser bekannt als Loriot, der Stardirigent Christian Thielemann und das „Mercure"-Hotel haben sich ebenso wenig lumpen lassen. Aber auch einer Abiturklasse von 1952 der Dortuschule ist damit ein origineller Ort für künftige Klassentreffen eingefallen.

Ein paar Schritte weiter biege ich rechts in die Charlottenstraße ein und laufe bis zur Hausnummer 22. Ein Freund hat mir vor längerer Zeit den Tipp gegeben, unbedingt dort einmal das Restaurant „Zum Faß" zu besuchen. Der Name klingt nach einer x-beliebigen Kneipe, aber, so wurde mir versichert, das Menü sei alles andere als gewöhnlich, stünden dort doch Bouletten, Rouladen oder Gulasch auf der Speisekarte, die dank des verwendeten Pferdefleisches besonders delikat seien – ganz zu schweigen vom „Rheinischen Sauerbraten".

Doch was für eine Enttäuschung! In dem schmucken Barock-Bürgerhaus ist von urig-deutscher Hausmannskost mit Pferdetouch keine Spur! Ich stehe vielmehr vor dem offensichtlich neu eingerichteten Restaurant „Rosso Giacomino". Ich frage nach und erhalte die Erklärung für das, was ich soeben auch selbst festgestellt habe. Das immerhin über drei Generationen geführte Familienunternehmen „Faß" hat aufgegeben, aufgeben müssen, jetzt bringt Domenico Giacomino hier

umbrische Spezialitäten
auf den Teller. Giaco-
mino mag in der Char-
lottenstraße 22 neu sein,
den Potsdamern ist er
aber kein Unbekannter.
Schon viele Jahre hat er
auf dem Weihnachtsmarkt in der Brandenburger Straße Leckeres aus seiner Heimat verkauft. Statt Pferdeknacker bekommt man in seinem neuen Restaurant nun Büffelwurst. Unter anderem, versteht sich. Ein wenig enttäuscht gehe ich weiter, nehme mir aber vor, zu einem späteren Zeitpunkt wieder
vorbeizukommen.

Fragt man Potsdamer, was ihnen an ihrer Stadt heute besonders gut gefällt, dann bekommt man – neben dem erwart-
baren Stolz auf die zahlreichen Sehenswürdigkeiten – meist
auch den Hinweis auf ihre Weltoffenheit zu hören. Vollkom-
men richtig. Dies ist nun gewiss nicht nur so dahingesagt, weil
es sich gut anhört, sondern es spiegelt sich nicht zuletzt auch
in den vielfältigen Spezialitätenrestaurants und -läden wider.
Damit meine ich jetzt nicht die üblichen Italiener, Asiaten und
Griechen. Diese gehören mittlerweile ja selbst in kleineren
Ortschaften zum vertrauten Stadtbild. Ich bemerke bei meinen
Spaziergängen durch Potsdam vielmehr immer wieder neue
Läden ungewöhnlicher Nationalitäten. Und da wir gerade in
der Charlottenstraße sind, möchte ich Ihre Aufmerksamkeit

auf das Geschäft „Rams" lenken. Es befindet sich nur ein paar Schritte weiter, auf der anderen Straßenseite (Nr. 99) gegenüber dem berühmten Potsdamer Kabarett „Obelisk". Dort kann man sich mit all den Zutaten eindecken, die man, wie in meinem Fall, etwa bei einem Ägyptenbesuch kennen- und schätzen gelernt hat. Eine ausgesprochen freundliche Bedienung hilft gern beim Übersetzen der arabischen Bezeichnungen. Hier findet man Bohnen aus gleich mehreren verschiedenen arabischen Ländern, Gewürze mit Namen wie „Aus Tausendundeiner Nacht" und noch vieles mehr.

Ich gehe die Charlottenstraße zurück, überquere die Dortustraße und biege links in die Lindenstraße ein. An der Ecke Lindenstraße/Bäckerstraße befindet sich in dem 1770 von Carl von Gontard gebauten Stadthaus das Asia-Restaurant „Mandarin". Es wirbt, nicht übermäßig kreativ, mit „Original Küche". Nun, das wäre an sich nichts Bemerkenswertes, aber schauen Sie doch einmal genauer neben den Eingang hin. Eine Gedenktafel erinnert an die Gründung der National-Demokratischen Partei Deutschlands (NDPD) am 25. Mai 1948 hier in Potsdam. Die DDR war die zweite Diktatur auf deutschem Boden, doch anders als das Vorgängerregime wollten die Kommunisten auf ein demokratisches Feigenblatt nicht verzichten. So gab es neben der alles bestimmenden SED noch vier weitere „Blockparteien", so der offizielle Sprachgebrauch, was der NDPD nach der Wende genau wie der Ost-CDU oder der „liberalen" LDPD die spöttische Bezeichnung „Blockflöte" einbrachte. Die NDPD sollte unbelasteten NSDAP-Mitgliedern und ehemaligen Offizieren der Wehrmacht eine neue politische Heimat geben. Irgendeine Bedeutung hatte sie in dem vier Jahrzehnte währenden Arbeiter- und Bauernstaat freilich nie. Klingt nach einem Makel, aber mir fallen einige Bekannte von damals ein, die das überhaupt nicht störte. Denn wann immer die SED-Genossen mal wieder mehr oder weniger penetrant auf Mitgliederfang gingen, war es ziemlich schwierig, ihnen eine Abfuhr zu erteilen, es sei denn,

Arabische Lebensmittel im „Rams"

man konnte sich mit dem Mitgliedsausweis einer der „Blockparteien" aus der Bredouille ziehen.

Apropos „Weltoffenheit": Ich brauche nur ein paar Schritte zu gehen und schon stehe ich in der Lindenstraße 47 vor dem Geschäft „Internationale Lebensmittel". Wem das zu allgemein gehalten ist, der muss nur die Straße überqueren, denn dort erwartet ihn neben einem gut sortierten „Asia Shop" zu meiner Überraschung nun sogar ein skandinavischer Spezialitätenladen. Der ist nicht zu übersehen wegen der finnischen Flaggen am Schaufenster. Im „Glögi-Chef" gibt es Nationalprodukte wie Senf, Saunabierkrüge oder einen finnischen Whiskey namens „Rye" sowie, keineswegs nur zur Weihnachtszeit, einen leckeren Beeren-Glühwein. Kein Wunder, dass man in diesem Geschäft öfters ein fröhliches „Kippis!" zu hören bekommt, was so viel wie „Prost!" bedeutet.

Nahrung für „Eingefleischte"

Potsdam hat aber auch reichlich geistige Nahrung zu bieten. Höchste Zeit also, Ihnen eine meiner Lieblingsbuchhandlungen der Stadt vorzustellen. Natürlich können Sie auch zum Platzhirsch Hugendubel im Stern-Center fahren. Was die Verkaufsfläche anbelangt, ist diese Filiale in Potsdam konkurrenzlos. Aber ich möchte an dieser Stelle das schöne Mark-Twain-Bonmot ins Feld führen: „Geistige Nahrung ist wie jede andere; es ist angenehmer und zuträglicher, sie mit einem Löffel als mit einer Schaufel zu nehmen." Um im Bild zu bleiben, bietet „Wist – Der Literaturladen" sein Sortiment quasi mit Dessertlöffeln an. Das sollten Sie sich nicht entgehen lassen. Dafür verlassen wir kurz die Lindenstraße, biegen rechts in die Brandenburgische Straße ein und erreichen nach ein, zwei Minuten das Geschäft an der Ecke zur Dortustraße. Gewiss, Bücher lassen sich heutzutage im Internet sehr bequem bei Amazon & Co. bestellen und per Post ins Haus schicken. Das mache ich natürlich auch hin und wieder, wenn es schnell gehen muss oder die Bequemlichkeit obsiegt. Aber der Besuch in einem „richtigen" Geschäft oder, wie die Amerikaner es bildhafter sagen, in einem „brick and mortar store" („Ziegelstein-und-Mörtel-Laden") ist doch unschlagbar. Der

Buchladen „Wist" bietet genau das richtige Schmöker-Ambiente. Sein Angebot ist zwar recht überschaubar, und es gibt sogar eine Kinder-Ecke, recht winzig zwar, doch diese soll wohl lediglich den Erwachsenen einmal die Gelegenheit zur ungestörten Lektüre bieten. Das beschränkte Angebot ist kein Manko, denn hierher zieht es ohnehin keine Leser, denen vor allem der Sinn nach den neuesten „Spiegel"-Bestsellern steht. Herr Wist und sein Team setzen bei der Auswahl ihrer Bücher auf das literarisch Wertvolle. Zudem steht hier der Kontakt zum Kunden im Mittelpunkt. Da ist es keineswegs ungewöhnlich, dass man sich plötzlich im Gespräch mit anderen Besuchern wiederfindet. Die Buchhandlung kommt offenbar nicht nur bei Lesern gut an. Auch die Juroren des Deutschen Buchhandlungspreises outeten sich als regelrechte „Wist"-Fans. Diese Auszeichnung wird zwar erst seit 2015 jährlich von der Kulturstaatsministerin im Zusammenwirken mit der Kurt Wolff Stiftung und dem Börsenverein des Deutschen Buchhandels vergeben. Die „Wist"-Mitarbeiter konnten sich bereits sage und schreibe zweimal über eine Auszeichnung freuen. Bei einem Besuch dieser also im doppelten Wortsinn ausgezeichneten Buchhandlung sollten Sie auf jeden Fall genügend Zeit einplanen.

Eigentlich möchte ich jetzt wieder zurück zur Lindenstraße gehen, um dort eine weitere Gedenkstätte zu besichtigen. Doch nur ein paar Meter weiter auf der Dortustraße 15 öffnete kürzlich ein neues Café mit einem besonderen Versprechen. Das möchte ich mir bei dieser Gelegenheit zumindest kurz ansehen. Das „Rosenberg" hat sich ganz den Vorlieben von Veganern verschrieben. Ein Unternehmen nicht ohne Risiko. Denn im Sommer 2016 musste das Café „good dEATs" in der Kurfürstenstraße schließen. Das war seinerzeit der einzige Ort in Potsdam, wo man *ausschließlich* auf die vegane Karte gesetzt hatte. Ich wünsche dem „Rosenberg" mit diesem originellen Konzept viel Glück.

Literaturladen Wist

Da in der Gastronomie die richtige Lage schon mal die halbe Miete bedeutet, dürfte die Dortustraße im Herzen der Stadt nicht nur „eingefleischte" Veganer aus Potsdam, sondern sicher viele Touristen anlocken. Auch was das Interieur anbelangt, haben die Betreiber eine glückliche Hand bewiesen. Es wirkt sehr einladend, nicht wie ein übliches Café, sondern mit den allesamt in Blau gehaltenen Sofas, Sesseln, Stühlen und Hockern eher wie eine gemütliche Lounge. Hinter dem Tresen wird gekocht und zubereitet, der Gast kann, wenn er es denn möchte, den Köchen bei ihrer Arbeit über die Schulter schauen. Auch dieses Café setze ich gern auf meine imaginäre Where-to-eat-Liste.

Was keiner wissen durfte

Ich erreiche nun eine Adresse, bei der manchen Bürgern aus dem damaligen DDR-Bezirk Potsdam sicher noch immer ein kalter Schauer über den Rücken laufen dürfte: Lindenstraße 54/55. Das Gebäude ist zum allgemeinen Symbol der Willkür von Diktaturen geworden. Vor dem Eingang wurde, quer über den Bürgersteig verlaufend, die Mahnung des Häftlings Horst Schüler eingelassen: „Ich finde es wichtig, dass alle erfahren, was mit uns geschah, damit sie wissen können, dass die Freiheit, in der sie leben, nicht selbstverständlich ist." Eine Jahreszahl fehlt. Sicherlich mit Absicht. Denn die Stiftung „Gedenkstätte Lindenstraße" erinnert nicht an eine bestimmte Diktatur auf deutschem Boden, sondern sie will das Gedenken an die Verfolgten der NS-Zeit, der russischen Besatzungsmacht und der SED-Herrschaft wachhalten. Alle drei Unrechtsregime haben hier, mitten im Potsdamer Stadtzentrum, ihre Opfer verhört, gefoltert, ermordet.

Ein Ort des Schreckens also. Und des Leidens. Das unter den Nazis begann. Diese ließen in der Lindenstraße nicht nur ihr abstruses „Erbgesundheitsgericht" tagen, in den angeschlossenen Kerkertrakten prügelte die Gestapo die gewünschten Informationen aus den Häftlingen heraus. Nach dem Ende des Dritten Reichs ging das Unrecht weiter, unter umgekehrten politischen Vorzeichen. Sowjetische Militärtribunale verhängten Todesurteile oder schickten die Verurteilten in die sibirischen Gulags. Als dann 1952 das Ministerium für Staatsicherheit das Gebäude als Untersuchungsgefängnis für den Bezirk Potsdam übernahm, wurde offiziell nicht mehr gefoltert oder gemordet, da die Stasi mit subtileren Mitteln versuchte, ihre Opfer zu brechen. Ich bin froh, dass ich mich einer Führung angeschlossen habe. Denn so bekomme ich Einblicke, die mir allein sicherlich entgangen wären. Der Gefängnishof zum Beispiel diente während der Nazi-Ära und unter den Sowjets als normaler Freigang, wo die Häftlinge wenigstens einmal am Tag zusammenkamen. Mitte der 1960er-Jahre wurde das für sie tabu. Die Stasi sperrte die Häftlinge einzeln in drei Meter hohe sogenannte „Freigangzellen" mit offenem Dach ein. In diesen Boxen durften sie sich dann allein etwa 30 Minuten aufhalten und wurden dabei von Wärtern beobachtet, die über ihren Köpfen patrouillierten. Auch die alten Fenster der Zellen veränderte man. Die Scheiben ließ die Stasi durch Glasziegel ersetzen. Das Gefühl, völlig isoliert zu sein, sagt mir eine Stiftungs-Mitarbeiterin, sei für die Häftlinge genauso schlimm gewesen wie physische Gewalt.

Ich gehe durch die sich auf mehreren Etagen befindlichen Zellentrakte, komme dabei an einer winzigen „Stehzelle" vorbei. Diese nutzte der sowjetische NKWD als Strafmaßnahme: stundenlanges Stehen in Dunkelheit. Damit das Grauen nicht abstrakt bleibt, begegnet der Besucher allenthalben Fotos mit Kurzbiografien von Häftlingen, die über deren „Verbrechen" und Strafen informieren. Ich bleibe vor der Tafel stehen, die an das Schicksal Lutz-Peter Naumanns erinnert. Ich kannte ihn als Redakteur der „Berliner Morgenpost". Naumann hatte sich nach der Niederschlagung des „Prager Frühlings" 1968 in einem regimekritischen Bildungskreis engagiert. Dabei geriet er ins Visier der Stasi und wurde 1972 wegen „staatsfeindlicher

Hetze" zu vier Jahren Zuchthaus verurteilt. Während seiner Untersuchungshaft in der Lindenstraße schrieb er heimlich das folgende Gedicht, das er aus dem Gefängnis schmuggeln konnte:

Potsdam – du hast zwei Gesichter.
Eines, das stets sehenswert,
prägten deine Maler, Dichter
und die Preußen mit dem Schwert.

Bloß das andere ist weit schlichter,
knebelt Freiheit mit Gewalt,
dieses prägen deine Richter,
Stasi und der Staatsanwalt.

Jetzt habe ich einen Abstecher im Sinn, der bei einem Blick auf den Stadtplan wie ein größerer Umweg erscheint, in Wirklichkeit aber in einer knappen Viertelstunde zu bewältigen ist. Mein Ziel ist die Villa Rohn, auch „Löwenvilla" genannt. Ein wenig bekannter, aber historisch wichtiger Ort. Ich gehe daher weiter auf der Lindenstraße, die nach der Passage des Jägertors, des ältesten noch erhaltenen Potsdamer Tors, Jägerallee heißt, und biege dann links in die Gregor-Mendel-Straße ein. Der Weg geht von nun an bergauf, doch ich versichere Ihnen, die Mühe ist es wert. Mir fällt ein vor ein paar Minuten entdecktes amüsantes Straßenschild ein: „Gehen hält fit". Na, wenn das kein Ansporn ist. Ich komme an restaurierten Villen vorbei und bei vielen fällt mir auf, dass die Namen von Rechtsanwälten oder Notaren neben den Eingängen stehen. Aber in dieser schönen Gegend lässt es sich bestimmt nicht nur gut arbeiten, sondern auch gut wohnen. Ein historisches Bürogebäude wird gerade, wie es ein Hinweisschild erklärt, zu einem Wohnhaus mit 24 Wohneinheiten umgebaut. Besonders beeindruckt mich ein im italienischen Stil errichtetes Anwesen auf der rechten Straßenseite, es handelt sich dabei um den Sitz des brandenburgischen Landesverbandes der CDU. Allerdings ist entlang der feinen Gregor-Mendel-Straße beileibe noch nicht alles picobello. Gelegentlich wird man durch den Anblick eines verwahrlosten Gebäudes aus den Träumen gerissen. Aber es dürfte nur eine Frage der Zeit sein, bis auch diese Schandflecken verschwunden sind.

Ein paar Gehminuten später erreiche ich dann, unmittelbar nach dem Hotel „Villa Monte Vino", die Villa Rohn. Ein erklärendes Schild sucht man vergebens, aber sie ist an den beiden Löwen neben der Eingangstreppe schnell zu erkennen. Was macht ihre Bedeutung aus? Auch sie ist ein historischer Schauplatz des politischen Widerstandes gegen die NS-Diktatur. Hier trafen sich die Verschwörer des 20. Juli 1944 zu ihren konspirativen Treffen. Der Hausherr, Oberstleutnant Fritz von der Lancken, hatte damals jene Bombe versteckt, mit der Claus Schenk Graf von Stauffenberg Hitler in der „Wolfsschanze" töten wollte. Die 1000 Quadratmeter umfassende Villa, in den Formen sowohl des Neobarocks wie des Jugendstils gebaut, hinterlässt auf der Vorderseite schon einen imposanten Eindruck, er wird dann auf der Rückseite sogar noch gesteigert. Zu DDR-Zeiten durften sich die Gäste der Pädagogischen Hochschule glücklich schätzen, an einem solchen Ort untergebracht zu sein. Aber, wen wundert's, ein Haus wie dieses schreit geradezu danach, auch als Filmkulisse genutzt zu werden. Szenen für den István-Szabó-Film „Taking Sides – Der Fall Furtwängler" wurden beispielsweise vor Ort gedreht, und auch – wie passend – „Operation Walküre", in dem Tom Cruise in der Rolle des Hitler-Attentäters Stauffenberg zu erleben war.

Als ich Ihnen versicherte, der etwas beschwerliche Weg hierherauf würde sich lohnen, hatte ich jedoch noch etwas anders im Sinn. Wenn Sie an der „Löwenvilla" rechts herumgehen, kommen Sie, und das ist dann für jedermann gut sichtbar ausgeschildert, zum „Mühlenberg Belvedere". Dieser herrlich gelegene Aussichtspunkt lädt zu einer Verschnaufpause ein. Ich genieße den Ausblick über Potsdam, erkenne dabei viele Stationen meines heutigen Ausfluges, das markante „Mercure"-Hotel und die Nikolaikirche erleichtern dabei die Orientierung. Bis zu Sanssouci sind es zwar nur sieben Minuten Fußweg, aber um das von hier aus sehen zu können, müsste man Röntgenaugen haben. Viele Bäume versperren rechter Hand leider den Blick. Nur der Obelisk am Eingang zur Hauptallee vom Park Sanssouci lässt sich erkennen. Ich nehme mir vor, unbedingt einmal bei Dunkelheit herzukommen, um zu sehen, wie sich Potsdam wohl bei Nacht präsentiert. Allerdings steht nur eine einzige Bank hier, gut möglich also, dass man zu einer solchen Stunde Liebespärchen beim Nachtausflug stört.

Potsdam-Style

Falls Ihnen Treppensteigen nichts ausmacht, insbesondere dann nicht, wenn es dabei abwärtsgeht, dann laufen Sie doch wie ich jetzt nicht etwa wieder die Gregor-Mendel-Straße zurück, sondern vom „Belvedere" hinunter auf den Mühlenbergweg. Dort stoße ich dann auf die Weinbergstraße, biege links ab und gehe bis zur Jägerallee zurück. Schön wär's, wenn man jetzt direkt zur Friedrich-Ebert-Straße gehen könnte, als Fußgänger kann man zwar an den Gebäuden des Justizzentrums Potsdam vorbeigehen, kommt aber durch den Hinterhof nicht weiter. Man muss also den kleinen Umweg über die Helene-Lange-Straße in Kauf nehmen. Dort angekommen, biege ich rechts in die Friedrich-Ebert-Straße ein. Nach wenigen Minuten stehe ich vor dem Potsdamer Rathaus. Früher hieß der wilhelminische Monumentalbau noch Stadthaus und war Sitz der preußischen Staatsverwaltung in der damaligen Provinz Brandenburg. Mich beeindruckt die bombastische Repräsentationsarchitektur der Kaiserzeit nicht besonders, der Berliner Reichstag oder die Staatsbibliothek Unter den Linden gehören auch dazu. Ganz anders verhält es sich mit der bezaubernden Villa auf der anderen Seite der Straße.

Die Firma Google Inc. hat bekanntlich nicht nur Freunde. Vor allem ihr Umgang mit dem Datenschutz ruft Kritiker immer wieder auf den Plan. Problematisch finde ich allerdings ebenso Googles populären Onlinekartendienst. Denn dort begegnen einem zuweilen haarsträubende Fehler. Machen Sie einmal die Probe aufs Exempel und zoomen sich in die Potsdamer Innenstadt. Je näher sie kommen, desto mehr sogenannte „Points of Interest" (POI) tauchen auf. Wenn Sie dann zum Beispiel auf der Friedrich-Ebert-Straße, unmittelbar gegenüber dem Rathaus, auf das kleine Geschäftssymbol mit der Bezeichnung „Wunderkind Potsdam" klicken, öffnet sich zunächst wie üblich eine kleine Infoseite. Lassen Sie sich da aber nicht von dem dazugehörigen Foto täuschen! Die nächtliche, mit einem Spotlicht angestrahlte Fassade zeigt keineswegs das Modegeschäft „Wunderkind Archiv", sondern die Villa Bier oder das „Palais am Stadthaus", wie sie heute heißt. Dieses Baudenkmal des Spätklassizismus wurde von Reinhold Persius, Sohn von Ludwig Persius, 1874 für einen wohlhabenden Rentier entworfen, später machte es zahllose andere Potsdamer ebenfalls glücklich: Es diente jahrzehntelang als Standesamt.

In den vierzig Jahren DDR ging bekanntlich allerhand den Bach runter, auch diese prunkvolle Villa gehörte dazu. Im Zuge der „behutsamen Stadterneuerung" nach 1989 verhalfen die Berliner Unternehmerin Ira Schwarz und das Architekturbüro Mann

Treppe zum Mühlenbergweg

zusammen mit der Denkmalpflegerin Johanna Neupert dem „Palais am Stadthaus" zu neuem Glanz.

Was hat aber nun die Boutique „Wunderkind Archiv" mit dem Palais zu tun? Nicht allzu viel, beide finden sich aber an der gleichen Adresse: Friedrich-Ebert-Straße 37. Das Joop-Label „Wunderkind" mag zwar luxuriöseste Bekleidung in seinen durchgestylten Räumen präsentieren, untergebracht ist das Geschäft allerdings etwas bescheidener, und zwar in den ehemaligen Remisen hinter dem Palais. Auf gut 200 Quadratmetern Verkaufsfläche zeigte hier Wolfgang Joop einen Teil seiner Modekreationen. Die Vergangenheitsform ist kein Lapsus, in den letzten Tagen ging die Meldung durch die Presse, dass sich der Potsdamer Designer von dem Label „Wunderkind" getrennt hat und sich künftig bezahlbarer Mode für ein junges Publikum widmen wird.

Auch wenn man mit der Haute Couture nicht allzu viel am Hut hat, lohnt ein Abstecher hierher. Denn hinter dem Palais erwartet den Besucher eine kleine Idylle. Der Lärm der geschäftigen Hauptverkehrsstraße ist jetzt nur noch gedämpft vernehmbar. Ein idealer Platz also für ein kleines, aber feines Café. Auf einen, für diese Branche nicht unüblich,

Hofcafé

hochtrabend klingenden Namen hat man dabei verzichtet, es heißt schlicht „Hofcafé". Es steht erst seit vier, fünf Monaten den Gästen offen. Offensichtlich nicht lange genug. Denn bis zu meinem Besuch im Juli 2017 scheint es sich noch nicht herumgesprochen zu haben. Ich zähle – bei schönstem Sommerwetter – gerade einmal zwei Gäste auf dem Hof. Sie machen das, was man immer häufiger sieht, wenn sich zwei Menschen an einem Tisch gegenübersitzen: Beide vertiefen sich in ihre Smartphones. Mein Telefon bleibt in der Tasche, ich nehme aber meinen Fotoapparat und lasse den Blick schweifen auf der Suche nach ein paar besonders schönen Motiven. Lange brauche ich nicht dafür, besonders angetan haben es mir die Figuren an der Trennmauer zum nächsten Grundstück. Ich setze meinen Spaziergang nach links auf der Friedrich-Ebert-Straße fort. Dabei begegne ich erneut einem Schild mit der klugen Botschaft „Gehen hält fit". Beim ersten Mal mochte ich dem nicht allzu viel Beachtung schenken. Ich hatte es wegen seiner eher halbprofessionellen Gestaltung als das Produkt von sendungsbewussten Gesundheitsaposteln gehalten. Jetzt will ich es aber genau wissen und tippe die entsprechenden Stichworte bei einer Internet-Suchmaschine ein. Von wegen halbprofessionell! Dahinter steckt die Deutsche Herzstiftung, die mit diesem Projekt Bewegungsmuffeln Beine machen will. In Potsdam, so lasse ich mich belehren, misst der „Gehen hält fit"-Pfad rund drei Kilometer, er führt von der Innenstadt bis zum Kapellenberg und wieder zurück. Sollten Sie einer solchen Motivation bedürfen und nicht lieber zwanglos die Stadt erforschen wollen, können Sie sich einen Flyer mit Informationen und Routen-Karte im Gesundheitsamt auf der Jägerallee 2 abholen. Da sind wir erst vor Kurzem auf dem Weg zur „Löwenvilla" vorbeigekommen.

Ich gehe jetzt durch das Nauener Tor und möchte am „Café Heider" vorbeigehen, als mein Blick auf eine Gedenktafel an der Eckfassade fällt. Ich komme an dieser Stelle heute bestimmt nicht zum ersten Mal vorbei, sie ist mir bislang aber noch nie aufgefallen. Wahrscheinlich weil ich sonst immer damit beschäftigt bin, einen freien Platz im meist stark frequentierten Café zu entdecken. Die Plakette erinnert an Carl von Ossietzky, den Chefredakteur der linken Wochenzeitschrift „Die Weltbühne". Der Pazifist und Nobelpreisträger war in den Jahren vor der Machtergreifung der Nationalsozialisten häufig zu Gast im „Café Rabien", wie dieses Restaurant früher hieß. Wenn Sie die Inschrift bis zum Ende lesen, werden Sie sozusagen im Kleingedruckten über den Stifter der Tafel informiert. Es handelt sich dabei um die Johannisloge „Zum Pilgrim", die zu den Berliner Freimaurern zählt.

Weiter geht es auf der Friedrich-Ebert-Straße, die ich jetzt überquere, um bei der Filiale des Starfriseurs Udo Walz vorbeizuschauen. Nicht als Kunde, versteht sich, nur der Neugierde halber. Sie ist allerdings etwas versteckt. Bei der Hausnummer 89 muss man ein großes Holztor durchschreiten und gelangt dann auf einen rustikal anmutenden Hinterhof. Hier erwartet die Galerie „Lidiya" ihre Kundschaft, ein paar Gemälde sind sogar – Vertrauen ist alles – am Eingangstor zur Straße angelehnt. Die Künstlerin Lidiya Steshenko-Kwaschny ist Russin, aufgewachsen in der Sowjetunion, studierte Malerei und Zeichnung, zog nach Riga und setzte dann ihre künstlerische Karriere in der Ukraine fort. 1995 kam sie nach Deutschland – ein Wendepunkt in ihrer Vita, der sich nicht unbedingt als Glanzpunkt erweisen sollte. Frau Steshenko-Kwaschny machte hier nämlich die Bekanntschaft mit dem Bilderfälscher Helmut Dohnke und produzierte in seinem Auftrag Falsifikate von berühmten Malern wie Schmidt-Rottluff, Waldmüller oder auch Modersohn. Sie nennt die Werke zurückhaltend „Kopien", in der Boulevardpresse war die Rede von Fälschungen „wie am Fließband". In Anspielung auf den noch um einiges berühmteren und gewissenloseren Betrüger Konrad Kujau brachte ihr das den wenig schmeichelhaften, aber doch irgendwie witzigen Titel „Miss Kujau von Potsdam" ein. Ich möchte sie auf diesen dunklen Fleck in ihrer Künstlerkarriere besser nicht ansprechen, mache aus meinem Gefallen an ihren verträumt wirkenden Landschaftsdarstellungen aber keinen Hehl.

Ganz hinten im Hof, hinter einer hier sich nicht so recht einpassenden Glasfassade, zelebriert man im Salon „Udo Walz" weit mehr als das übliche „Waschen, Schneiden, Legen". So wie berühmte Schauspieler es auch einmal als Sänger oder Autor versuchen, so ist auch der „Friseur der Bundeskanzlerin" nicht bei seinem Leisten geblieben und hat im Sommer 2017 auf der Brandenburger Straße 40 seine erste Modeboutique eröffnet: „Liebesstück – Design for Udo Walz". Nun ja, über Geschmack lässt sich bekanntlich nicht streiten. Dass der Star-Coiffeur mit der Schere souverän umgeht, steht außer Zweifel, die Mode sollte er jedoch kreativeren Köpfen überlassen.

Themenwechsel: Reden wir über Müll. Honi soit qui mal y pense! Wenn man an die Stadtreinigung denkt, mag einem alles Mögliche durch den Kopf (beziehungsweise durch die Nase) gehen, ganz bestimmt aber nicht das Bild eines architektonisch sehenswerten Bauwerks. Ich spreche vom ehemaligen Depot

Malerischer Hinterhof mit Salon Udo Walz und Galerie Lidiya

Ehemaliges Depot der städtischen Straßenreinigung

der städtischen Straßenreinigung und Müllabfuhr in der Hebbelstraße, Ecke Gutenbergstraße. Der denkmalgeschützte Zweckbau aus Stahlbeton mit den dunkelroten, hart gebrannten Klinkern entstand zwischen 1929 und 1932. Er zählt zu den raren expressionistisch gestalteten Gebäuden in Potsdam. An den vier Ecken des Turmes ist jeweils eine Kinderskulptur angebracht. Alle vier halten symbolisch etwas in der Hand. An den beiden zur Straßeseite angebrachten Putten erkenne ich eine Taube und eine Fackel. Offenbar reinigte man die Straßen mit viel Weisheit und im Geiste der Allgemeinheit.

Ich gehe weiter auf der Hebbelstraße zur Französischen Kirche. Zur französisch-reformierten Kirche gehörte seinerzeit auch der am Beginn dieses Spazierganges vorgestellte Henri Alexandre de Catt. Sie wurde unter Friedrich II. von Jan Bouman d. Ä. und Georg Wenzeslaus von Knobelsdorff zwischen 1751–53 erbaut. Die verheerenden Luftangriffe vom 14. April 1945 legten zwar fast das gesamte Französische Viertel ringsherum in Schutt und Asche, diese Kirche blieb aber wie durch ein Wunder nahezu unversehrt. Was die britischen Bomberstaffeln nicht geschafft hatten, brachte das Desinteresse der kommunistischen Stadtverwaltung zustande: Putz begann von den Wänden zu rieseln, Wasser drang durch Risse in der Kuppel ein, und zwar so stark, dass die Kirche 20 Jahre nach Kriegsende schließlich wegen Baufälligkeit gesperrt werden musste.

Mitte der 1980er-Jahre, ich erinnere mich noch gut daran, setzte zu meiner Verblüffung in den SED-Betonköpfen ein Umdenken ein. Das berühmte Reiterstandbild mit dem Alten Fritz zum Beispiel kehrte plötzlich zu jedermanns Verwunderung wieder an seinen Platz auf den Berliner Prachtboulevard Unter den Linden zurück. Auch die bislang eher geringschätzig behandelten militärischen Widerstandskämpfer um Tresckow und Stauffenberg wurden nun mit Respekt behandelt. Von diesem Umdenken profitierte ebenfalls die Französische Kirche. Man nahm die 300-Jahr-Feier zum Potsdamer Toleranzedikt 1985 zum Anlass, den fortschreitenden Verfall der Kirche zu stoppen.

Auch nach der Wende hat sich rings um das Gotteshaus einiges getan. Rechts daneben entstand ein Neubau-Karree mit Häusern im holländischen Stil. Und vor wenigen Tagen verschwanden dann die letzten Bauabsperrungen auf dem Platz davor. Die etwa 5000 Quadratmeter große Fläche hat man mit kleinen Steinen aus Basalt, Porphyr und dunklem Granit gepflastert. Bei den Gehwegen in der unmittelbaren Nachbarschaft fand das Bernburger Mosaik Verwendung. Zwei Lindenbäume stehen schon, es sollen ein paar weitere hinzukommen.

Von hier ist es dann nur noch ein Katzensprung bis zu dem weitläufigen Gebäudekomplex des Klinikums „Ernst von Bergmann". Ernst von Bergmanns Grab, wir erinnern uns, ist auf dem Alten Friedhof ohne Hilfe nicht zu finden gewesen, das Krankenhaus mit seinem Namen kennt in Potsdam jeder. An dieser Stelle befanden sich früher das „Armen- und Arbeitshaus" der Stadt sowie ein Pestkrankenhaus samt Pestfriedhof. Besonders um die Mitte des 19. Jahrhunderts wurde das Hospital ständig erweitert. Im Bombenhagel des Zweiten

Weltkriegs hatte es auch dieses Areal schwer getroffen. Nach dem Krieg wieder aufgebaut, erhielt es den für DDR-Städte üblichen Namen „Bezirkskrankenhaus Potsdam". Nach der Wende erfolgte nicht nur eine Umbenennung, sondern auch eine Modernisierung. Was alt, was neu ist, lässt sich schon an den Fassaden leicht erkennen. Heute müssen auch keine Rettungshubschrauber mehr auf dem nahe gelegenen Bassinplatz landen, sie haben ihren Landeplatz auf dem Dach.

Ich stehe jetzt auf dem Vorplatz des Klinikums. Größer könnte der Kontrast nicht sein: Auf der einen Seite der moderne Teil des Krankenhauses, auf der anderen die historisch getreu restaurierte Straßenfront. Gleich dem Haupteingang des Klinikums gegenüber fällt mir das Büro eines Bestattungsinstituts ins Auge, weiter links dann noch eins, mit dem beruhigenden Namen „Sans Souci". Gleich zwei solche Unternehmen unmittelbar vor einem Spital! Das dürfte dem Vertrauen der Patienten in die ärztliche Kunst sicher nicht dienlich sein.

Dem Ende nähert sich auch der heutige Spaziergang. Ich bin ja nicht mehr weit vom Ausgangspunkt entfernt, wo mein Auto auf mich wartet. Es ist später Nachmittag geworden, dem Verkehr der Rushhour möchte ich mich jetzt aber nicht unbedingt aussetzen. Ich gehe daher noch ein paar Schritte weiter und erreiche das Kellertor. Oder besser gesagt: die Stelle, wo sich früher einmal das Kellertor befand. Es gehörte zu den zehn Potsdamer Toren, mit der Besonderheit, dass es den Zugang zur Stadt auf dem Wasserweg ermöglichte. Wie wir es bereits entlang der Yorkstraße gesehen haben, wurde auch hier ein kleiner Teil des alten Stadtkanals wieder freigelegt, und nicht nur das, er führt sogar Wasser, das aus der Havel hereinströmt. Zwei kleine Teilstücke des zugeschütteten Stadtkanals sorgen also wieder für ein wenig Amsterdamer Flair, aber das ist für einige Potsdamer zu wenig. So haben gleich zwei Vereine die Wiederherstellung des Kanals auf ihre Fahnen geschrieben. Das Vorhaben mag dem Stadtbild sicher guttun, aber ist es auch realistisch? Da habe ich meine Bedenken. Ein solches Projekt würde ja nicht nur viel Geld kosten, es würde das aktuelle Straßenbild verändern. So müssten beispielsweise die vielen Parkplätze entlang der Straße Am Kanal weichen, das dürfte in unserer autofixierten Gesellschaft der Bevölkerung nur schwer zu vermitteln sein.

Rechts neben dem wiederhergestellten Kanalstück steht das ehemalige Wach- und Zollhaus, wo man einst die fälligen Gebühren für die im- und exportierten Waren entrichten musste. Aber halt, was Sie da sehen, ist keineswegs das gesamte Gebäude, sondern lediglich eine Art Attrappe. Das wird schnell deutlich, wenn man auf dem kleinen Weg links daran vorbeigeht. Denn an der historisch getreu nachgebildeten Fassade der Kellertorwache schließt sich ein modernes Wohnhaus an. Vieles in Potsdam wurde während der Bombenangriffe beschädigt oder zerstört. Das Zollhaus fiel allerdings bei den Straßenkämpfen unmittelbar vor Kriegsende einer russischen Granate zum Opfer. Lediglich ein Teil des Portikus blieb erhalten, der dann in den 1960er-Jahren abgerissen wurde. An einen Wiederaufbau dachte im Magistrat der Stadt niemand. Die Stelle lag bis 2015 brach, bis die Familie Isabel Geigenberger und Willo Göpel das Grundstück erwarb und die Fassade maßstabs- und profilgetreu wiederherstellte und dahinter ihr neues Eigenheim baute. Wieder stehen die ockerfarbenen Säulen vor der rostrot gestrichenen Wand – die Illusion ist perfekt. Im dazugehörigen Garten ist gerade eine Frau mit Aufräumarbeiten beschäftigt. Ich erkenne Frau Geigenberger, die gern eine kurze Pause einlegt und meine Fragen beantwortet. Offenbar bin ich nicht der Erste, der sie wegen des restaurierten Bauwerks anspricht. Denn sie geht ins Haus und kommt mit einer kleinen Informationsbroschüre zurück, in der detailliert das Engagement ihrer Familie beschrieben ist.

Früher war dieses Areal eine einzige Brache mit allerhand Gerümpel. Inzwischen hat sich aber viel getan. Auf dem

Rückseite – Kellertor

dreieckigen ehemaligen Lagerplatz zur Havel hin, der Keller-
torspitze, ist ein kleiner öffentlicher Park entstanden. Er ist so
neu, dass er noch gar keinen Namen hat. Aber das wird sicher
noch kommen, ebenso wie andere Besucher. Ich bin nämlich
ganz allein hier, setzte mich auf eine der beiden Bänke und genieße die herrliche Aussicht. In der Ferne grüßt der Flatowturm aus dem Park Babelsberg, vor mir gleiten auf der Havel ein paar Segelbote vorbei, gefolgt von einem voll besetzten Ausflugsschiff. Dann erhalte ich plötzlich Besuch. Eine
neugierige Nilgans gesellt sich zu mir, fixiert mich mit ihren braun umränderten Augen, erstaunlich zutraulich, wie ich
finde. Oje, wenn das Tier wüsste, dass seine vielen Artgenos-
sen in Deutschland derzeit einen ziemlich schlechten Ruf genießen! Ich jedenfalls weiß es, denn in letzter Zeit kann man
immer wieder lesen, wie Nilgänse den Landwirten das Leben
schwer machen, Parks mit ihrem Kot beschmutzen und durch
ihre aggressive Art einheimische Wasservögel bedrohen. In einigen Bundesländern sind die Tiere deswegen bereits auf der
Abschussliste gelandet. Ich hoffe, im toleranten Potsdam bleibt
den gefiederten Immigranten ein solches Schicksal erspart.

Potsdamer Kavalleriestück

Falls Sie kein Problem mit Pferdefleisch haben, dann kommt hier ein ganz besonderes Gericht für Sie. Lassen Sie sich darauf ein. Es lohnt sich!

Zutaten:
500 g Fohlenfleisch
200 ml Rinderfond
300 ml Vollmilch
50 ml Sahne
4 EL Butter
1 große Zwiebel
3 Scheiben Weißbrot
1 Bund Schnittlauch
gekörnte Brühe (al gusto)
Muskat

Zubereitung:
Das Fleisch im Fond kochen, in vier Scheiben schneiden, warmstellen. Zwiebel in feine Ringe, das Weißbrot in kleine Würfel schneiden und zusammen in Butter leicht anbräunen. Mit der warmen Milch ablöschen, die gekörnte Brühe hinzufügen und bei kleiner Hitze zerkochen lassen und Sahne dazugeben. Den Brei mit den Fleischscheiben anrichten, mit frisch geriebenem Muskat würzen, mit dem Rinderfond umgießen und mit Schnittlauchröllchen garnieren.

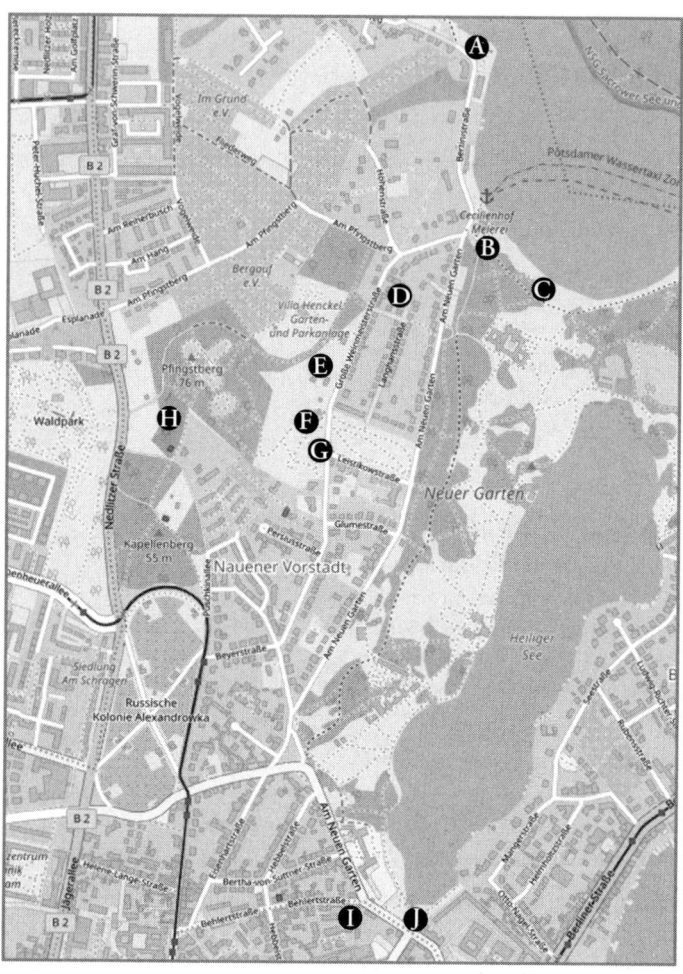

A	Wachturm	F	Fontane-Archiv
B	Meierei	G	Gedenkstätte Leistikowstraße
C	Muschelgrotte	H	Jüdischer Friedhof
D	„Verbotene Stadt"	I	Palais Lichtenau
E	Villa Henckel	J	Gotische Bibliothek

Vierter Spaziergang

Nauener Vorstadt

Von Grenzgewässern und Biergenuss

Der Checkpoint Charlie in der Friedrichstraße dürfte fast jedem Berlin-Besucher ein Begriff sein. Er war schließlich einer der bekanntesten Grenzübergänge in der geteilten Stadt. Andere Kontrollpunkte haben es dagegen nicht ins kollektive Gedächtnis geschafft, obgleich sie ähnlich einprägsame Namen trugen, wie etwa Checkpoint Alpha (Helmstedt) oder Checkpoint Bravo (Dreilinden). Die Amerikaner zeigten Sinn für griffige Bezeichnungen, ein Talent, das DDR-Funktionären völlig abging. Auf das folgende Sprachungetüm muss man erst einmal kommen: „Grenzübergangsstelle Nedlitz/Jungfernsee für Schiffe (GÜST)". Die ehemaligen Wachtürme entlang der innerdeutschen Grenze sind inzwischen so gut wie alle verschwunden, auch die allerletzten Überbleibsel der Mauer hat man vor wenigen Jahren beseitigt. Doch ein solches Relikt aus der Zeit der deutschen Teilung, der Turm der eben genannten „GÜST", steht noch, und das soll auch in Zukunft so bleiben – als Mahnmal. Er ist von der Bertinistraße einfach zu erreichen, befindet sich also unmittelbar am westlichen Ufer des Jungfernsees. Was liegt da näher, meinen heutigen Spaziergang einmal auf dem Wasserwege zu beginnen?

Dafür bietet Potsdam schon seit vielen Jahren zwei Wassertaxis an. Diese können sich als sehr praktisch erweisen; kein Wunder, wenn man sich vor Augen hält, dass Potsdam gewissermaßen eine Insel zwischen Seen, Flüssen und Kanälen ist. Der Name „Taxi" führt allerdings etwas in die Irre. Die beiden eingesetzten Boote befördern ihre Passagiere nicht individuell, sondern folgen einem Fahrplan. Der ist schnell durchschaut, es werden ja nur 13 Stationen bedient. Diese sind zudem übersichtlich in drei Zonen eingeteilt. Die komplette Route verläuft vom Volkspark Glienicke bis zum Strandbad Templin. Ich steige im Park Babelsberg zu, benötige dafür nur ein Kurzstrecken-Ticket für sechs Euro, das ich an Bord löse. Anders als bei den Ausflugsschiffen der Weißen Flotte ist bei den Wassertaxis nicht der Weg das Ziel. Es geht also schnurstracks von Punkt A nach Punkt B. In meinem Fall unterbrechen wir jedoch unsere Fahrt an der Haltestelle „Glienicker Brücke". Nach nur 20 Minuten habe ich wieder festen Boden unter den Füßen. So schnell hätte ich es mit dem öffentlichen Nahverkehr nie und nimmer von Babelsberg hinüber in die Nauener Vorstadt geschafft.

Nach ein paar Minuten Fußweg auf der Bertinistraße kann ich bereits den ehemaligen DDR-Wachturm erkennen. Gestern

Grenzturm

Abend hat es ziemlich heftig geregnet. Der Rasen ist noch immer nass, einen befestigten Gehweg gibt es leider nicht. Festeres Schuhwerk als meine bequemen, aber dünnen Sneaker wäre heute Morgen die bessere Wahl gewesen. Über die gesamte Fläche der nördlichen Turmwand ist eine riesige Leinwand gespannt. Darauf ist eine historische Luftaufnahme zu sehen, die das damalige Grenzregime abbildet. Ich lasse meiner Fantasie freien Lauf und stelle mir vor, wie hier über der sogenannten Bertini-Enge, der schmalsten Stelle des Jungfernsees, eine Pontonbrücke verlief. Nur zwei enge Durchfahrten jeweils in Ufernähe waren für Schiffe geöffnet. Diese konnten jedoch innerhalb von Sekunden mit Seilsperren und Kettennetzen blockiert werden – ein gewaltsamer Durchbruch war somit ausgeschlossen. Weiter stelle ich mir vor, wie grimmige Grenzer an Bord der ein- und ausfahrenden Schiffe gingen, dabei die Besatzungen ihre Macht spüren ließen. In der Zwingeranlage bellten sicherlich hin und wieder die Hunde, sie brauchte man, um „Republikflüchtlinge" aufspüren zu können. Auf seine Fantasie ist der Besucher hier allerdings angewiesen. Denn zusätzliche Informationen zur historischen Bedeutung dieses Ortes finden sich nicht. Das Betreten des Turmes ist nicht möglich. Da hat der ehemalige Grenzkontrollpunkt Dreilinden mehr zu bieten. Der dürfte den Transitreisenden zwischen Westberlin und Westdeutschland wegen des oftmals stundenlangen Wartens und der frostigen Abfertigung in schlechter Erinnerung geblieben sein. Eine Open-Air-Ausstellung ist dort jederzeit frei zugänglich, zu bestimmten Öffnungszeiten können Besucher sogar den Wachturm von innen besichtigen.

Es besteht also Nachholbedarf am Jungfernsee. Nun wäre Potsdam nicht Potsdam, wenn es nicht mittlerweile auch schon dafür einen Verein gäbe. Er nennt sich „Erinnerungsorte Potsdamer Grenze" und möchte vom alten Wachturm an der Bertinistraße einen Info-Pfad entlang des Verlaufs der Mauer bis hin zur Schwanenallee an der Glienicker Brücke installieren. Das Konzept dafür haben Potsdamer Zeithistoriker bereits erstellt.

Meierei

Doch die Stiftung Preußische Schlösser und Gärten mochte sich mit dieser Idee nicht anfreunden und lehnte die Aufstellung der geplanten zehn Info-Stelen im Neuen Garten ab. Aus pflegerischer Sicht gesehen, kann ich sie verstehen. Die Schlösserstiftung hat schließlich die Aufgabe, die Kulturlandschaft des 19. Jahrhunderts zu bewahren, da würden solche Erinnerungsschilder das authentische Erscheinungsbild des Parks doch erheblich beeinträchtigen.

Ich lasse meinen Blick schweifen: Was für eine herrliche Seelandschaft! Auf der anderen Seite des Jungfernsees liegt Sacrow. Das war damals zwar ebenfalls DDR-Gebiet, trotzdem hatte man auch dort vorsorglich das Ufer mit Mauer samt Todesstreifen abgesichert. Denn Ostdeutsche hätten ja sonst quer über die Havel bis nach Wannsee flüchten können. Bei einem Blick auf die Karte sieht das nach einem aussichtslosen, ja geradezu selbstmörderischen Unterfangen aus. Doch Historiker haben immerhin acht erfolgreiche Fluchten in diesem Grenzbereich dokumentiert. Blicke ich jetzt südwärts, dann schaue ich auf den Neuen Garten mit der berühmten Gastwirtschaft „Meierei" direkt am Ufer. Höre ich auf meinen Magen, dann weiß ich, dass dies mein nächstes Ziel sein wird.

Dazu brauche ich nur den kurzen Weg zurück bis zur Wassertaxi-Haltestelle zu gehen. Das burgartige Gebäude der „Meierei" mit dem markanten Turm entstand 1790 nach Plänen Carl Gotthard Langhans' und diente, wie der Name es bereits verrät, zunächst zur Herstellung von Milchprodukten für die königliche Hofküche. Heute kaum vorstellbar, aber früher weideten hier tatsächlich noch Kühe. Mit dem technischen Fortschritt kamen neue Aufgaben hinzu. Ludwig Persius baute das Haus im normannischen Stil um und schuf Platz für eine Pumpstation, die für die Bewässerung des Neuen Gartens sorgte. Schon seit Mitte des 19. Jahrhunderts entwickelte sich die „Meierei" zu einem beliebten Ausflugslokal. In meiner kleinen Sammlung „Brandenburgica" befindet sich ein „Illustrierter Führer durch Potsdam" aus dem Jahr 1910, in dem die Autoren von den „lieblichsten und anmutigsten Erholungsplätzen mit guter Bewirtung: Kaffee, Bier, Butterbrot …" schwärmen. Sie konnten damals noch nicht ahnen, dass die „reizende Lage am Jungfernsee" dem Gasthof einmal zum Verhängnis werden würde. 1945 brannte die „Meierei" aus. Sie blieb, jetzt unmittelbar im Grenzgebiet liegend und daher für die Öffentlichkeit unerreichbar, sogar noch bis zum Jahr 2002 eine Ruine.

Bis Jürgen Solkowski kam, sah und … braute. Den gelernten Diplom-Brauingenieur verschlug es nach der Wende aus dem Westteil Berlins hierher – mit einer großen Portion Leidenschaft im Gepäck. Das merke ich schon nach den ersten Minuten unseres Gesprächs, zu dem er mich in ein gemütliches Hinterzimmer seiner „Meierei" eingeladen hat. Als er 2002 Potsdam für sich entdeckte, hatte sich der heute 68-Jährige schon erfolgreich in anderen Brauereien einen Namen gemacht. Sein Lebenstraum war jedoch ein eigener Familienbetrieb. Und der sollte nun hier am Jungfernsee Wirklichkeit werden. Die Ruine der „Meierei" hatte ihn nicht abgeschreckt. Herr Solkowski erzählt mir, wie er damals auf der Suche nach einem geeigneten Objekt war. Seine Frau und er waren zu der Zeit noch passionierte Wassersportler. Eines Tages, erinnert er sich, segelten sie auf dem Jungfernsee an der „Meierei"-Ruine vorbei. Weil die Stiftung Preußische Schlösser und Gärten gerade jemanden suchte, der die Mühen (und das finanzielle Wagnis) auf sich nahm, das einstmals berühmte Gasthaus aus seinem Dornröschenschlaf zu wecken, sagte er sofort zu. Keine leichte Aufgabe. Das Dach war nach jahrzehntelanger Vernachlässigung defekt, Schimmel hatte sich ausgebreitet, im Schankraum wuchs sogar schon ein Baum! Als ich ihm sage, dass ich ihn um seinen unschlagbar kurzen Arbeitsweg beneide – Solkowskis haben sich im Obergeschoss eine Wohnung eingerichtet –, lacht er. Dort wohnen sie ja nur im Sommer, außerdem ist die Pumpe unter ihnen nicht zu überhören. Die läuft in den warmen Monaten jeden Tag für zwei Stunden, um Wasser in das Reservoir auf dem Pfingstberg zu pumpen.

Jürgen Solkowski hat aus der „Meierei"-Ruine, wie manche vielleicht erhofften, keinen piekfeinen Gourmettempel gemacht. Die „Meierei" soll vielmehr vor allem eines sein: ein Brauhaus. Es bietet jeden Monat ein anderes Spezialbier aus eigener Produktion an. Familie Solkowski begrüßt hier nicht nur zahllose Touristen, sie kann sich auch auf eine treue Stammkundschaft verlassen. Diese steht am Freitag und Samstag oft Schlange, um sich mit Solkowskis Bier zum Mitnehmen einzudecken. Man kann dafür seine eigenen Gefäße mitbringen oder sich für drei Euro eine dekorative Flasche mit Henkel kaufen. Unter den vielen vor Ort gebrauten Biersorten wird der durstige Gast übrigens das Potsdamer Stangenbier ebenso wenig wie ein Pils finden. Das Stangenbier, klärt mich der Diplom-Brauingenieur auf, ist historisch gesehen ein Rückbier, aufgefrischt mit einem Jungbier. Man könnte auch sagen: eine Art Resteverwertung. Wobei das heute natürlich so nicht mehr in die Gläser kommt. Herr Solkowski hat sich dagegen auf die Berliner Weiße spezialisiert. Ich bekomme sofort einen sauren Geschmack in meinem Mund. Ich kenne die Berliner Weiße eigentlich nur mit Schuss, also mit einem ordentlichen Quantum Sirup. Solkowski orientiert sich dagegen an der ursprünglichen Rezeptur. Seine Weiße kann man mithin ungesüßt trinken, ohne dabei das Gesicht zu verziehen. Als Spezialbier dieses Monats bietet Solkowski sein „Meierei-Neumondbier" an. Dessen Aroma erinnert an Honigmelone, Banane, rote Beeren und Sahnekaramell. Steht auf der Karte. Nun ja, ich weiß zwar, wie die genannten Obstsorten schmecken, auch Sahnekaramell ist meinen Geschmacksknospen durchaus vertraut, in dem „Neumondbier" kann ich sie aber nicht lokalisieren. Aber ich bin ja auch kein Bier-Connaisseur. Für welche Sorte Bier sich der Gast letztlich auch entscheiden mag, Solkowskis Credo lautet: Niemand soll seine „Meierei" durstig verlassen müssen.

Wie es sich für ein Brauhaus geziemt, findet man auf der Speisekarte keine Schickimicki-Gerichte mit unaussprechlichen französischen Namen, sondern ausschließlich deftige deutsche Hausmannskost – Kartoffelsuppe zum Beispiel, Berliner Bouletten oder Eisbein. Und damit sich auch niemand erst falsche Hoffnungen macht, steht unmittelbar am Eingang groß und breit über der Speise- und Getränkekarte: „Wir haben keinen Eisbecher und keinen Kuchen, dafür aber super leckeres Bier (aus eigener Produktion)." Ich entscheide mich für eine Bratwurst mit Stampfkartoffeln und, natürlich, Biersoße. Die Wurst kommt vom Potsdamer „SauenHain". Das klingt vielversprechend. Der „SauenHain" ist mir nämlich ein Begriff. Die Besitzer werben mit dem drolligen Slogan: „Das ehrliche Schwein direkt vom Erzeuger". Die Tiere sollen dort das ganze Jahr über auf der Weide leben, nur natürliches Futter fressen und sich auch sonst einer besonders artgerechten Haltung erfreuen. Ich weiß nun nicht, ob der Landwirt bei diesen Angaben ebenso ehrlich ist wie sein Borstenvieh, die Bratwurst jedenfalls schmeckt zusammen mit dem Sauerkraut „nach Art des Hauses" lecker. Dafür berappe ich knapp 11 Euro, man zahlt halt für die tolle Location gern etwas mit. Von den diversen anderen Biersorten lasse ich aber besser meine Finger, ich habe ja noch einen weiten Weg vor mir.

Allerlei Geister

Dieser führt mich jetzt aus dem Neuen Garten hinaus und ins ehemalige sowjetische „Militärstädtchen Nr. 7" hinein. Doch halt! Ehe ich den Park ganz verlasse, möchte ich mir unbedingt noch ansehen, wie weit die Arbeiten an der Muschelgrotte gediehen sind. Dazu brauche ich nicht erst auf den Hauptweg zurückzukehren, sondern laufe die kaum 200 Meter auf dem Trampelpfad parallel zum Ufer. Falls Sie schon einmal hier in diesem nördlichsten Teil des Neuen Gartens waren und dabei die Muschelgrotte übersehen haben sollten, dann müssen Sie sich keine Vorwürfe machen, denn genau das war auch ursprünglich die Absicht. Die Grotte entstand 1791/92 nach Entwürfen von Andreas Ludwig Krüger. Er hatte sie, wenn man so will, als eine Art Zweckbau konzipiert: An heißen Sommertagen konnten die hier vorbeiflanierenden Royals eine kühlende Pause einlegen. Auf keinen Fall sollte sie aber gleich ins Auge fallen. Künstliche Grotten durften, so die zeitgenössische Vorstellung, „in ihrer ganzen äußerlichen Anordnung nicht die mindeste Kunst verrathen, sondern ein rohes Werk der Natur zu seyn scheinen". Man versteckte sie deshalb in einem extra dafür aufgeschütteten Erdhügel. König Friedrich Wilhelm II., der den Rosenkreuzern anhing, hat hier spiritistische Séancen abgehalten. Er habe dabei, weiß die Überlieferung, zuweilen auch mit seinen verstorbenen Vorfahren gesprochen.

Wenn Sie sich die geografische Lage der Muschelgrotte vor Augen halten, werden Sie wissen, dass sie während der deutschen Teilung ebenfalls mitten im Grenzgebiet lag. Denn der Neue Garten war durch die ab 1961 errichteten Sperranlagen mit einer 3,60 Meter hohen Mauer, den asphaltierten Kolonnenstraßen, Wachtürmen und Stacheldrahtzäunen nahezu bis zur Unkenntlichkeit zerstört worden. Die Grotte teilte somit das Schicksal der Meierei, entsprechend heruntergekommen sah das Bauwerk 1989 aus. Doch nicht nur die Kommunisten zeigten dem originellen Bau die kalte Schulter. Schon unter Friedrich Wilhelm III. geriet sie mehr und mehr in Vergessenheit. So kann man in einem alten Reiseführer lesen: „Von allen Partien der Königlichen Gärten in Potsdam ist wohl diese Grotte am wenigsten bekannt und besucht." Das hatte einen guten Grund. Den königlichen Nachkommen war die Grotte schlicht unheimlich. Ob das wohl an den Séancen lag? Wer begegnet schon gerne den Geistern seiner Urahnen.

Ein 2003 gegründeter Förderverein zur Rettung der Muschelgrotte setzt sich für die Instandsetzung ein. Auch bei diesem Parkbauwerk muss man jedoch von „work in progress" reden. Allerdings nun schon seit vielen Jahren, hoffentlich nicht mehr allzu lange. Mit der Arbeit geht es immer nur dann weiter, wenn wieder Geld durch Spenden hereingekommen ist. Weil diese nicht vom Himmel fallen, bietet der Förderverein Führungen an. Von außen gesehen, lässt sich aber die einstige Pracht der Grotte immerhin schon erahnen. Die Fassade ist aus zig verschiedenfarbigen Natursteinen zu einem eindrucksvollen Mosaik zusammengesetzt, die jeweils vier zugemauerten Fenster und Türen sind wieder durch Scheiben mit Ornamenten ersetzt worden.

Die Türen sind verschlossen, das war zu erwarten, ich muss mit einem Blick durch die Fenster vorliebnehmen. Viel kann ich nicht erkennen, dazu fällt zu wenig Licht in die Kabinette. Aber an den Wänden lassen sich teilweise noch die originalen Dekorationen ausmachen. Früher schmückten sie große Spiegel, farbenreiche Kristall- und Mineralstücke, echte Muscheln und Muschelimitate. Der in Richtung Osten angelegte, winddurchwehte und sich allmählich verjüngende Zugang sollte einst die Grotte vor Feuchtigkeit schützen. Schutz bietet er auch heute: Man kann zwar nur zwei, drei Meter hineingehen, dann steht man vor einer Gittertür, aber Spaziergänger, die ein plötzlicher Regenschauer überrascht, dürften das zu schätzen wissen.

Ich gehe auf dem Trampelpfad zurück und bleibe an der Kreuzung Große Weinmeisterstraße/Am Neuen Garten vor einer Info-Stele stehen. Sie markiert den Beginn des „Militärstädtchens Nr. 7". Der Name mag etwas anheimelnd klingen, doch früher hätten mich keine zehn Pferde hierhergebracht. Jedenfalls nicht freiwillig. Denn hinter der Bezeichnung verbarg sich das Quartier des sowjetischen Geheimdienstes. Nach der Potsdamer Konferenz bezogen dessen Mitarbeiter an die 100 Liegenschaften in der Nauener Vorstadt. Das Areal zwischen Großer Weinmeisterstraße und Albrechtstraße (heute: Am Neuen Garten) entwickelte sich im Laufe der Zeit quasi zu einer „Sowjetunion en miniature", mit autonomer Infrastruktur, separatem Post- und Telefonsystem, russischen Straßennamen und – das durfte freilich nicht fehlen – einem eigenen Gefängnis. Die Genossen zeigten bei der Auswahl Geschmack, denn es handelt sich hier um eines der schönsten Potsdamer Villenviertel. Für uns Deutsche war dieser Teil Potsdams tabu. Was genau in der „Verbotenen Stadt" passierte, darüber konnten wir damals nur spekulieren. Heute können wir es erfahren. Ein Rundgang gerät dabei zu einem Exkurs in die jüngere Geschichte. Die Orientierung wird einem dabei leicht gemacht, denn seit August 2014, exakt 20 Jahre nach dem Abzug der letzten russischen Besatzungstruppen aus Deutschland, macht der Geschichtspfad „Sowjetische Geheimdienststadt" mit vierzehn Info-Stelen auf Dienstgebäude, Wohnhäuser und Grenzverlauf aufmerksam. Die Erläuterungen sind dabei aufs Wesentliche beschränkt. Wer sich tiefgehender mit dem Thema beschäftigen möchte, kann die angebrachten QR-Codes mit seinem Smartphone einscannen.

In der „Verbotenen Stadt" lebten die Geheimdienstler mit ihren Familien. Die Frauen gingen in dem ummauerten und mit Wachtürmen versehenen Areal ihrer Arbeit nach, als Sekretärinnen, Verkäuferinnen, Dolmetscherinnen. Eine eigene Schule gab es nicht, die Kinder wurden in die Mittelschule Nr. 3 in Potsdam gefahren. Die hieß die „Russische Schule", denn dort erhielten auch die Kinder der anderen in der Stadt stationierten sowjetischen Militärangehörigen ihren Unterricht.

Ich könnte jetzt die Straße am Neuen Garten hinunterlaufen, doch da fehlt größtenteils ein Gehweg. Das wäre zwar nicht gefährlich, Autos fahren hier sehr langsam, zudem handelt es sich um eine Einbahnstraße, doch ich bevorzuge den kleinen Umweg über die Große Weinmeisterstraße. Hier bummelt es sich viel angenehmer. Dabei übersehe ich großzügig noch so manches desolate Grundstück, finde umso mehr Gefallen an den vielen schlicht gehaltenen Landhäusern. Das Architekturbüro Otto von Estorff und Gerhard Winkler erhielt in den 1930er-Jahren die meisten Aufträge in Potsdam. Sie prägten den Landhausstil mit den charakteristischen Sprossenfenstern, Gauben, Walm- und Satteldächern, von denen sich in dieser Gegend sehr viele Beispiele finden lassen. Auf der rechten Seite informiert die Passanten eine Hinweistafel über ein aktuelles Projekt. Es geht um die Sanierung der Parkanlage der Villa Henckel. Die Villa Henckel am Pfingstberg ist der Wohnsitz des Vorstandsvorsitzenden des Springer-Konzerns, Mathias Döpfner. Der Unternehmer beansprucht einen Teil des öffentlichen Parks für seine private Nutzung. Die Stadt Potsdam würde ihm das gewähren, wenn Döpfner im Gegenzug die Sanierung des Parks und der dazugehörigen

Verpackte Villa Schlieffen

Villa Schlieffen übernähme. Diese Verabredung hat allerdings gleich zwei verschiedene Bürgerinitiativen auf den Plan gerufen. Die Initiative „Offener Pfingstberg" und die „Pfingstberg-Initiative Potsdam" fordern den freien Zugang zu den Kulturgütern Potsdams für jedermann, Exklusivrechte für Gutbetuchte dürfe es nicht geben.

Es geht bei dem Konflikt auch um die marode Schlieffen-Villa. Diese steht unmittelbar an der Großen Weinmeisterstraße Nr. 44. Sie ist allerdings dermaßen vom Verfall bedroht, dass das Gebäude nicht nur mit Planen komplett eingehüllt ist, sondern wegen Lebensgefahr bei Betreten auch durch einen Zaun abgesperrt wurde. Für die offenbar anspruchsvollen Sanierungsarbeiten sind mehrere Jahre geplant. Danach sollen außer der Villa, die als Kunsthaus der Öffentlichkeit zugänglich sein wird, auch wieder eine Grotte, ein kunstvoll angelegter Wasserlauf sowie die ursprünglichen Wegeverbindungen und Sichtachsen dem historischen Vorbild nahekommen.

Ich schlendere weiter und erreiche auf der rechten Seite die prächtige Villa Quandt (Nr. 46/47). Ein Hinweis auf den Hausherrn fehlt (noch), möglicherweise werden Sie sich daher über die Theodor-Fontane-Büste vor dem Eingang wundern.

Sie steht da nicht ohne Grund, denn seit 2007 ist die Villa Quandt Sitz des Fontane-Archivs. Es betreut den Nachlass des großen deutschen Schriftstellers. 20 000 Blätter Originalhandschriften liegen im klimatisierten Keller, dazu kommen zahlreiche Bilder, Dokumente und Erinnerungsstücke mit Bezug auf den Dichter. 2019 steht uns das große Fontane-Jahr ins Haus, es jährt sich dann sein Geburtstag zum 200. Mal. Bis dahin soll Fontanes Oeuvre komplett ins digitale Zeitalter übersetzt und in Datenbanken frei zugänglich abrufbar sein.

Die Mitarbeiter des Archivs sind noch mit zwei anderen ehrgeizigen Projekten beschäftigt. Theodor Fontane war bekanntlich auch ein fleißiger Briefeschreiber. Von den 7000 erhaltenen Briefen wurde erst ein Teil veröffentlicht, die Edition der kompletten Korrespondenz steht noch aus. Besonders originell erscheint mir ein weiteres Vorhaben. Das Archiv ist im Besitz der 150 Bände umfassenden Handbibliothek Fontanes. Für sein immenses Werk hatte er sich natürlich auf weitaus mehr Quellen gestützt. Doch welche sind das? Für Fontane-Fans eine spannende Frage. Um sie zu beantworten, dürfte auf das Archiv eine knifflige literarische Detektivarbeit zukommen. Die ermittelten Bücher sollen später in einer „imaginären Bibliothek" Platz finden.

Wenn Sie jetzt wie ich die Straße überqueren, stehen Sie vor dem Mirbachwäldchen. Das war früher der Fest- und Sportplatz der „Verbotenen Stadt". Schauen Sie sich doch einmal die Bäume etwas genauer an. An manchen, vor allem an den mit besonders dicken Stämmen, findet man heute noch kyrillische Buchstaben eingeritzt. Ich gehe durch das Wäldchen, biege dann an der Straße Am Neuen Garten nach rechts ab und bleibe vor dem imposanten, schlossartigen Gebäude an der Ecke zur Leistikowstraße stehen. Bis 1945 war hier das Kaiserin-Augusta-Stift als Internat für Adels-, Offiziers-, Pfarrers- und Beamtentöchter untergebracht. Auch Christa Winsloe wurde hier erzogen. Ihre Erlebnisse verarbeitete sie in einem Drama, das als Vorlage für gleich zwei Verfilmungen unter dem Titel „Mädchen in Uniform" diente. 1931 thematisierte der Streifen verhältnismäßig deutlich die lesbische Beziehung zwischen Lehrerin und Schülerin. Interessanterweise kam das Remake mit Romy Schneider, Therese Giehse und Lilli Palmer 1958 in abgeschwächter Form ins Kino.

Nach dem Krieg beschlagnahmte der russische Geheimdienst den riesigen Gebäudekomplex und errichtete hier die Deutschlandzentrale der sowjetischen Militärspionageabwehr. In der Stiftskapelle, wo einst die Mädchen ihre Andacht abhielten, fällte später das sowjetische Militärtribunal Todesurteile oder schickte die Verurteilten ins berüchtigte Straflager Workuta. Allerdings steht man hier auch heute wieder vor verschlossenen Türen. Nach dem Abzug der ehemaligen Besatzungsmacht war das Gebäude auf dem Immobilienmarkt nicht gerade einfach zu vermitteln. Die neuen Eigentümer hatten aber den Drahtseilakt zwischen einer modernen, auf Komfort ausgerichteter Nutzung und den Auflagen des Denkmalschutzes gemeistert. Es sind inzwischen mehrere Dutzend Luxusapartments entstanden.

Jetzt möchte ich mir den schrecklichsten Ort in der „Verbotenen Stadt" anschauen, das zentrale Untersuchungsgefängnis der sowjetischen Spionageabwehr. Ich brauche dafür nicht weit zu gehen, am Ende der Leistikowstraße/Ecke Große Weinmeisterstraße steht ein schäbiger, grauer Bau. Putz bröckelt herab, die Fassade ist mit hässlichen Flecken übersät: Ich stehe vor dem berüchtigten KGB-Knast. Dabei hatte das Gebäude einmal einem viel friedvolleren Zweck gedient. Es war früher ein Pfarrhaus und Verwaltungssitz der Evangelischen Frauenhilfe. Um auf das Gefängnisgelände zu gelangen, geht man zunächst durch das kleine, moderne Besucherzentrum. Da wird gerade auf eine Sonderführung hingewiesen: „Transit in den Tod. Das Gefängnis Leistikowstraße und seine in Moskau hingerichteten Häftlinge". Offensichtlich erwartet die Gedenkstätte nicht nur deutsche Besucher, sie bietet die Führung auch in russischer Sprache an.

Ich gehe durch das Eingangsgebäude durch und erreiche das ehemalige KGB-Gefängnis. Auf dem Hof liegen einige Fragmente der Gefängnismauer. Heute ist sie durch eine Hainbuchenhecke ersetzt. Hindurchschauen kann man nicht, aber es tönt lauter Kinderlärm herüber. In der Evangelischen Grundschule Potsdam scheint wohl gerade Schulschluss zu sein. Es klingt seltsam fröhlich und passt so gar nicht zu dem, was es hinter der Hecke zu sehen gibt.

„Ihr, die ihr hier eintretet, lasst alle Hoffnung fahren", heißt es bei Dante über dem Tor zur Hölle. Der Spruch kommt mir in den Sinn, nachdem ich dieses Gefängnis betreten und mir anhand der Info-Tafeln einen ersten Überblick verschafft habe. Mir schaudert es, als ich die detaillierten Schilderungen der Haftbedingungen lese. Dass die Gefangenen menschenunwürdigen Bedingungen ausgesetzt, ja geradezu wie wilde Tiere eingepfercht wurden, fällt einem angesichts der Zellen und sanitären Einrichtungen sofort auf. Die Kerker sind mit primitiven Holzpritschen ohne Matratzen ausgestattet, einem winzigen, vernagelten Fenster, nicht größer als das Format DIN A4, versehen, ohne Waschbecken und Toilette. Wer zur Strafe oder zur Erzwingung von Geständnissen in den 90 mal 90 Zenti-meter kleinen „Stehkarzer" gesteckt wurde, hatte dort meh-rere Tage im Dunkeln und ohne Frischluftzufuhr auszuharren. Weil Kübel fehlten, mussten die zu dieser inhumanen Strafe Verdammten ihre Notdurft auf dem Boden verrichten. Kälte, Hunger, mangelnde Hygiene, Ungeziefer, Krankheiten präg-ten die Haft, Kontakte zu den Familien oder juristischer Bei-stand waren untersagt.

Natürlich drängt sich einem hier der Vergleich mit dem Potsdamer Stasi-Untersuchungsgefängnis in der Lindenstraße auf. Das hatte ich in meinem vorangegangenen Spaziergang besucht. Im Volksmund nannte man es ja ironisch „Linden-Hotel", was natürlich das Grauen dort verharmloste. Aber im Vergleich zu seinem KGB-Pendant brauchten die Häftlinge in der Lindenstraße zumindest keine Hinrichtungen zu befürch-ten, die Haftstrafen fielen doch erheblich milder aus und nicht zuletzt konnten die Stasi-Opfer, zumindest in den letzten Jah-ren der DDR, auf einen Freikauf durch die Bundesrepublik Deutschland hoffen – eine Hoffnung, die sich allerdings nicht immer erfüllte.

Ich komme zu einer Schautafel, die eine Seite aus dem Haft-buch zeigt. Da sind Name, Geburtsjahr, Strafmaß und Natio-nalität eingetragen. Es läuft mir kalt den Rücken hinunter, als ich die Strafen betrachte: 10 Jahre Haft gehören dabei zu den Ausnahmen, Verurteilungen zu 25-jährigen Lagerstrafen oder „Tod durch Erschießen" überwiegen. Besonders berührt mich der Hinweis, dass der jüngste Häftling erst 12 Jahre alt war. Was hatte man diesen Menschen überhaupt vorgeworfen? An-fangs waren es vor allem vermeintliche oder tatsächliche Na-zis, Jugendliche, die man als „Werwölfe" verdächtigte (Hitlers allerletztes Aufgebot), dann kamen Spionage-Vorwürfe hinzu, worunter sämtliche regimefeindliche Anschuldigungen fie-len. Es reichte schon aus, beim Hören des Westberliner Rund-funksenders „RIAS" oder beim Erzählen von „Russenwitzen" erwischt worden zu sein. Wie viele Frauen und Männer – und eben auch Kinder – hier gelitten haben, weiß heute kein Historiker genau zu sagen.

Ich setzte nun meinen Spaziergang fort, aber nicht ohne mich zu fragen, wie es sich wohl anfühlen mag, heute in diesem sehr gepflegten und teuren Villenviertel zu wohnen, dabei aber oft, vielleicht sogar fast täglich, mit einer solch schrecklichen Geschichte konfrontiert zu werden. Ich bin jedenfalls froh, jetzt dem reichlich deprimierenden Ort den Rücken zuzukehren.

Mein nächstes Ziel ist der Jüdische Friedhof. Er befindet sich in der Puschkinallee, es steht mir also ein kleiner Fußmarsch bevor. Ich verlasse die Gedenkstätte Leistikowstraße zusammen mit einer größeren Besuchergruppe, die offenbar aus Thüringen angereist ist, wenn ich den Dialekt richtig einordne. Unsere Wege trennen sich aber schon sehr bald. Ihr Ziel ist der nahe gelegene Pfingstberg mit dem berühmten Aussichtsschloss Belvedere und dem Pomonatempel. Ein ziemlich überlaufener Touristenmagnet, der mich heute aber nicht anzieht. Um zum Jüdischen Friedhof zu gelangen, gehe ich links auf der Großen Weinmeisterstraße weiter, biege erst in die Persiusstraße, dann links in die Hessestraße ein und erreiche nach

Trauerhalle – Jüdischer Friedhof

wenigen Minuten die Puschkinallee. Ich halte mich rechts und komme schließlich an meinem Ziel an.

Der Jüdische Friedhof in Potsdam wurde 1743 angelegt, ein Geschenk von Friedrich II. an die Gemeinde. Er befindet sich am Westhang des Pfingstberges, der deswegen früher auch den Namen „Judenberg" trug. Am Häuschen des Friedhofswärters gleich am Eingang liegt ein großer, hellbrauner Labradormischling. Kein Wachhund, wie ich zunächst annehme, denn er kommt schwanzwedelnd auf mich zu. Als ich Rassal, so heißt er, wie ich gleich erfahren werde, den Kopf kraule, scheint er sich darüber mindestens ebenso zu freuen wie ich. Darüber hätte ich fast vergessen, mir eine Kippa aus dem bereitstehenden Gefäß aufzusetzen. Ich gehe an der Trauerhalle vorbei zu den Gräbern. Der hintere Bereich muss der alte Teil des Friedhofs sein. Hier stehen Grabsteine, die mir allesamt unverständlich sind, nicht nur weil an ihnen der Zahn der Zeit genagt hat, sondern weil sie hebräische Inschriften aufweisen. Ganz anderes verhält es sich im vorderen Bereich. Während die alten Steine aus einfachem Sandstein bestehen, sind die neuen üppig verziert und aus glänzendem Granit. Alle aber stehen, so wie es die religiöse Vorschrift verlangt, gen Ost ausgerichtet, also Richtung Jerusalem. Mir fällt auf, dass hier seit etwa einem Jahrzehnt sehr viele Tote mit einem russischen Namen ihre letzte Ruhe gefunden haben.

Dann mache ich die Bekanntschaft mit dem Aufseher und guten Geist des Friedhofs, Felix-Mosche Berul. Ich möchte ihm eigentlich nur ein paar kurze Fragen stellen. Doch er erweist sich als überaus freundlich, beredt und gut informiert, sodass mir schnell dämmert, plötzlich und unverhofft in den Genuss einer kleinen Privatführung gekommen zu sein. Herr Berul ist Russe, er kam aus Moskau vor etwa zwölf Jahren nach Potsdam. Ich frage ihn, was mit dem Friedhof während des Dritten Reichs passiert ist. Zu Beginn des Zweiten Weltkriegs hatte man, weiß er zu berichten, sämtliche Metallteile der Grabanlagen demontiert. Man möchte sich den Zustand des Friedhofes danach gar nicht vorstellen. Das war an sich ja schon schlimm genug, doch während der DDR-Zeit habe der Totenacker weit mehr gelitten. Die Trauerhalle diente als Lager für Parkbänke, Kohlenbriketts und Brennholz, man hatte sie zeitweise sogar als Reparaturwerkstatt missbraucht. Noch weniger Respekt zollte das rote Potsdam den Grabanlagen. Dafür war der VEB Grünanlagen und Bestattungswesen, ja, einen solchen volkseigenen Betrieb hat es tatsächlich gegeben, zuständig. Die Mitarbeiter hatten da die Prioritäten offensichtlich auf andere Bereiche gelegt, die Gräberfelder sahen keine pflegende Hand mehr und verwilderten zunehmend. Von diesem desolaten Zustand ist heute freilich nichts mehr zu erkennen. Die neuen Gräber sind gepflegt, ebenso die Wege, ich sehe einen jungen Mann, der im Rahmen des Bundesfreiwilligendienstes hier zur Hand geht. Dann kommt Herr Berul auf ein großes Problem zu sprechen: den Platzmangel. Dazu muss man wissen, dass nach jüdischer Sitte ein Grab für die Ewigkeit besteht und nicht wie bei christlichen Friedhöfen auf eine bestimmte Zeit befristet ist. Das erklärt, warum im Hebräischen ein Friedhof auch „Haus der Ewigkeit" oder „Haus für das Leben nach dem Tod" genannt wird.

Die Trauerhalle möchte ich mir jetzt gern einmal von innen betrachten, Herr Berul öffnet sie mir. Dabei handelt es sich, wie er mir stolz verrät, um ein ungewöhnliches Bauwerk. Ich schaue mich um, kann aber nichts Außergewöhnliches entdecken. Alles macht einen gepflegten, aber doch eher schlichten Eindruck. Vorn ist der Platz, wo bei Trauerfeiern der Sarg steht, der zuvor aus dem Keller emporgehoben wird. Davor die hölzernen Stuhlreihen, die für Männer und Frauen getrennt reserviert sind, der Raum kommt an seinen Wänden ohne jeden Schmuck aus, kurzum, es will mir einfach nichts Besonderes auffallen. Herr Berul zeigt schmunzelnd zur Decke. Diese Trauerhalle weist eine raffinierte Konstruktion auf. Die beiden

Felix-Mosche Berul

Architekten Carl Börnstein und Emil Kopp hatten 1910/11 die Decke nicht wie üblich fest verbaut, sondern durch Stahltrosse aufgehängt. Dieser Trick sorgt für eine ganz eigentümliche Akustik. Hm, jetzt, da mir Herr Berul das sagt, fällt mir auch auf, dass unser Gespräch einen gewissen Klang hat. Wie muss das wohl erst klingen, wenn viele Menschen zu einer Trauerfeier zusammenkommen und der Rabbi seinen Gesang anstimmt und vielleicht sogar Musik erklingt?

Als ich Herrn Berul sage, dass ein Foto von ihm meinem Buch sehr guttun würde, zögert er, schaut an sich hinab und sagt lächelnd: „Dagegen ist nichts einzuwenden, ich müsste mich dafür aber erst umziehen. Das dauert eine Viertelstunde." Ich zögere nicht, sage ihm ebenfalls lächelnd, dass ich nicht in Eile bin. Herr Berul geht in das Pförtnerhäuschen, dessen obere Etage ihm als Dienstwohnung zur Verfügung steht. Da bemerke ich einen anderen älteren Herrn, der sich gerade mit einer Schubkarre voller Erdreich den Weg entlang müht. Auch wir kommen sofort miteinander ins Gespräch. Norbert Blumert war früher als Bauhistoriker und Denkmalpfleger für die Stadt Potsdam tätig. Heute ist er zwar Rentner, doch das hält ihn nicht davon ab, ebenfalls im Rahmen des Bundesfreiwilligendienstes bei der Pflege des Jüdischen Friedhofs mitzuhelfen. Auch er erweist sich als ebenso charmant wie eloquent. Ich erhalte von ihm einen Crashkurs über die lange Geschichte des Jüdischen Friedhofs im Allgemeinen und die nicht immer ganz unproblematische Zusammenarbeit mit der Denkmalschutzbehörde im Besonderen. Dann ist auch schon Herr Berul wieder zurück. Ich staune, wie viel man in einer Viertelstunde lernen kann. Ebenso staune ich, wie sehr die Kleidung einen Menschen verändert. Er steckt jetzt in der Garderobe, wie er sie bei Beerdigungen oder zu religiösen Festtagen trägt.

Herr Berul ist nicht nur ein sehr entgegenkommender, sondern auch ein äußert höflicher Mann. Er begleitet mich bis zum Ausgang, wobei er mir von einer geradezu bestürzenden Entdeckung erzählt. Sie hat mit dem Weg zu tun, auf dem wir beide gerade zum Tor entlanggehen. Hier hat man vor etwa einem Jahr einen traurigen Fund gemacht. Einige der Pflastersteine, die durch Terrazzo ersetzt werden sollten, erwiesen sich als uralte Grabtafeln, die jemand mit der Inschrift nach unten verlegt hatte. Darunter befanden sich auch die Grabsteine von zwei Kindern, die Mitte des 19. Jahrhunderts in Potsdarm starben. Auf wessen Konto dieser pietätlose Frevel geht, weiß kein Mensch, und es wird wohl für immer ein Geheimnis bleiben.

Meine beiden nächsten Ziele erfordern erneut einen kleinen, letzten Fußmarsch. Ich kehre auf die Puschkinallee zurück, biege links ab, diesmal in die Kleine Weinmeisterstraße, die wenig später in die Große mündet. Wenn man nun auf der Straße Am Neuen Garten weitergeht, steht man unmittelbar nach dem Anfang der Behlertstraße auf der rechten Seite vor dem Palais Lichtenau. Wie so manch andere hochherrschaftliche Villa in Potsdam präsentiert sich auch diese Villa von der Straßenseite her gesehen eher bescheiden. Gut vorstellbar, dass Autofahrer, die sich ohnehin besser auf den zwar nur zweispurigen, aber doch recht hektischen Verkehr konzentrieren sollten, daran ahnungslos vorbeifahren. Man muss sich dem Gebäude schon als Fußgänger nähern, um zum Beispiel das bemerkenswerte Relief mit den griechischen Göttern im Mittelrisalit würdigen zu können. Einen besseren Eindruck erhält, wer um das Palais herumgeht. Dort wird einem sofort klar, warum der Prachtbau zu den schönsten Beispielen der frühklassizistischen Architektur zählt. Das Dachgesims ist mit Rosettenmotiven verziert, eine geschwungene zweiläufige Freitreppe führt in einen gepflegten Garten mit Baumtöpfen und Bänken in dekorativem Design. Von der Gartenseite erscheint das Palais nur über zwei Geschosse zu verfügen, an der schmalen Front erkennt man aber ein drittes, in das durch ein schönes halbrundes Mansardenfenster Licht eintreten kann. Für ein Foto muss ich den Rasen betreten, was hoffentlich nicht verboten ist, Hauptsache, ich komme dem gerade emsig umhersurrenden Rasenmäherroboter nicht in die Quere. Von dem herrlichen Ambiente profitieren auch die Bewohner der anliegenden Gebäude. Es ist, wie ich später feststellen werde, eine Seniorenresidenz mit dem klangvollen Namen „Kurfürstenstift".

Das Palais Lichtenau blickt auf eine ungewöhnliche Geschichte zurück, vor allem weil nicht ganz klar ist, was der eigentliche Anlass für seinen Bau war. Sicher ist, dass Friedrich Wilhelm II. 1796 den Auftrag dazu erteilte. Doch warum? War er wirklich als Residenz für die königliche Mätresse Wilhelmine Enke, die spätere Gräfin von Lichtenau, gedacht, die der Monarch gern in der Nähe seines Marmorpalais im Neuen Garten hat wissen wollen? An die Liaison des Königs mit der preußischen Pompadour erinnert Georg Hermann in seinem „Spaziergang in Potsdam": „Ganz in der Ferne verdämmert mir der dickliche Friedrich Wilhelm II., der rotbäckige Genießer; sicherlich ein jovialer Herr. ... Ich ahne aus dem Neuen Garten und dem Marmorpalais, dass er keineswegs so schlecht war wie sein Ruf. In Österreich hätte man ihn vergöttert. Für Preußen taugte er nicht. Und auch Wilhelmine Enke, oder richtiger Madame Rietz, oder noch richtiger die Gräfin Lichtenau, eine kunstsinnige und gewiss liebenswürdige Dame, scheint mir ein anderes Schicksal verdient zu haben als, nachdem sie lange Zeit die Geliebte dieses Königs war, weiter lange Jahre auf der Festung Glogau das abzubüßen."

Der Romancier Georg Hermann unternahm seinen „Spaziergang in Potsdam" 1926. Vor unserem geistigen Auge lässt er ein Potsdam auferstehen, wie es heute, aus den bekannten Gründen, nicht mehr existiert. Das macht dieses Buch so besonders lesenswert. Ich besitze noch eine alte Ausgabe des DDR-Verlags Das Neue Berlin aus dem Jahr 1985. Am Schluss des Buches hat der Herausgeber all die im Buch erwähnten Straßen und Gebäude alphabetisch aufgelistet. Da findet man die alten Namen und, sofern es dazu kam, daneben die nach 1945 vergebenen. Schrecklich ist dabei zu sehen, bei wie vielen Einträgen der Hinweis „nicht erhalten" steht.

Auch der Architekt des Palais Lichtenau ist nicht gesichert. Baute es tatsächlich, wie manche meinen, Carl Gotthard Langhans, dem wir auch das Brandenburger Tor (nicht das in Potsdam, sonders das berühmtere in Berlin) verdanken? Wie auch immer, dieser dreigeschossige Repräsentanzbau war lange Zeit eines der allerletzten Sanierungsobjekte in der Potsdamer Innenstadt. Es hat ewig gedauert, bis sich schließlich ein Investor fand, den die hohen Kosten und die strengen Denkmalschutz-Auflagen nicht abschreckten. 2013 fielen dann endlich die Baugerüste. Nun ja, die ungewöhnliche Farbkombination von Blassrosa und Grau soll ja dem Original entsprechen, sie dürfte aber sicher nicht jedem gefallen. Heute befindet sich hier das „Haut- und Lasercentrum Potsdam". Mit dem „c" im Praxisnamen möchte man sich wohl von landläufigen Dermatologen unterscheiden. Etwas Besonderes ist man im Grunde auch, denn als Privatklinik kommen nur gut betuchte Patienten in den Genuss ihrer Dienstleistungen. Falls diese nach ihrer Behandlung Bedarf an einem beruhigenden Spaziergang verspüren sollten, brauchen sie gar nicht weit zu gehen: Vis-à-vis befindet sich ein weiterer Eingang zum Neuen Garten. Da erwartet den Besucher auch gleich ein kleines, aber deswegen nicht uninteressantes Bauwerk: die Gotische Bibliothek. Diese kann zwar nicht mit dem dienen, was ihr Name verspricht, einen Abstecher ist sie aber allemal wert. Damit die Patienten (das gilt natürlich auch für alle anderen Besucher) nicht schon wieder beim Arzt vorstellig werden müssen, sollten sie die Warnschilder beherzigen und die Wege besser nicht verlassen. Auch um die Potsdamer Parks haben die fiesen Prozessionsspinner keinen Bogen gemacht. Die Gotische Bibliothek stammt nun unter Garantie von dem eben erwähnten Architekten. Das versichert uns nicht zuletzt eine Plakette am Gebäude. „1792 bis 1794 von Carl Gotthard Langhans als neugotischer Turmpavillon für die Büchersammlung des preußischen Königs Friedrich Wilhelm II. errichtet." Ich komme hier ja nicht selten vorbei, wenn ich am Heiligen See und durch den Neuen Garten spazieren gehe. Deswegen mag ich meinen Augen nicht trauen, als ich sehe, dass endlich einmal keine Absperrung das Betreten der

ins Obergeschoss führenden Wendeltreppe verhindert. Aber da habe ich mich zu früh gefreut! Der Weg nach oben ist zwar frei, wird am Ende aber dann doch von einer abgeschlossenen Falltür versperrt. Schade, ich hätte gern einmal

Gotische Bibliothek

die Aussicht von oben über den See bis hin zum Marmorpalais genossen.

In einer Bibliothek erwartet man Bücher. Diese werden Sie hier allerdings nicht sehen. Im Untergeschoss standen einst drei Schränke mit klassischer französischer Literatur. Anders als seine Vorgänger blickte Friedrich Wilhelm II. nicht herablassend auf die deutschen Autoren herab. Eine Sammlung mit ihren Werken stand dem Monarchen in der oberen Etage zur Verfügung. Während des Zweiten Weltkrieges versuchte man die königliche Bibliothek in Sicherheit zu bringen und lagerte sie ins Stadtschloss aus. Keine gute Idee, wie sich erweisen sollte, denn dort wurde sie bei dem verheerenden Bombenangriff vom 14. zum 15. April 1945 ein Opfer der Flammen. Die Bücher hätten diese Nacht sonst womöglich schadlos überstanden, obwohl auch die Gotische Bibliothek von einem Bombeneinschlag im Heiligen See betroffen war. Die Druckwelle hatte ihr Fundament unterspült und sie in eine Schieflage versetzt. Im Nachkriegs-Potsdam muss man dann die Gotische Bibliothek wohl als entbehrliche Staffage betrachtet haben, deren Rettung keine Investition rechtfertigte – auch sie verfiel zur Ruine. Der schiefe Turm in Pisa mag sicher noch viele Jahre stehen bleiben, die Gotische Bibliothek neigte sich jedoch, im Wortsinn, unaufhaltsam dem Ende ihres Daseins zu. Dieser Zustand stellte Restauratoren nach der Wende 1989 vor eine ganz besondere Herausforderung. Abreißen kam natürlich nicht infrage, also mussten sie den Turmpavillon Stein für Stein abtragen, die einzelnen Teile nummerieren, sie auslagern, dann ein neues, stabiles Fundament legen und zum Schluss das steinerne Puzzle wieder zusammensetzen. Wenn man diese bautechnische Meisterleistung kennt, sieht man die Gotische Bibliothek mit ganz anderen Augen.

Wir sind am Ende unseres Spaziergangs angelangt. Zeit, den Tag mit etwas Besonderem ausklingen zu lassen. Und was kommt bekanntlich zum Schluss eines jeden guten Menüs? Die Süßspeise! In diesem Fall ist es ein wahrhaft königliches Dessert.

Potsdamer Königskuchen

Rezepte für einen Königskuchen gibt es wie Sand am Meer. Die Grundvariante ist immer gleich (einfach): ein Rührkuchen mit vielen Rosinen, Korinthen und kandierten Früchten. Dabei spielt es letztlich keine Rolle, ob man sich für eine Kasten- oder Gugelhupfform entscheidet. Den Klassiker unter den Kuchen gibt es nach altdeutscher, rheinischer, französischer, portugiesischer Art, als englischen Teekuchen mit Schokoglasur, nach Omas Rezept oder gar als „Königskuchen aus dem Pfarrhaus". Die Potsdamer Bäcker haben das Rad nicht neu erfunden. Wer sich für ihre Variante entscheidet, kann die Milch im Kühlschrank lassen, muss dafür aber eine Portion Rum griffbereit halten.

Zutaten

400 g Mehl	50 g fein gehacktes Zitronat
250 g Butter	2 TL Backpulver
250 g Zucker	4 EL Rum
4 Eier	1 Prise Salz
200 g gehackte Mandeln	Paniermehl
200 g Sultaninen	Puderzucker
100 g Korinthen	

Zubereitung

Aus Mehl, zimmerwarmer Butter, Zucker, Eiern, Backpulver, Rum und Salz einen Rührteig zubereiten. Mandeln, Sultaninen, Korinthen und Zitronat unter den Teig rühren. Dann den Teig in eine gefettete und mit Paniermehl ausgestreute Form geben und in den kalten Backofen setzen. Bei 175°C etwa 60 bis 70 Minuten backen und 5 bis 10 Minuten ruhen lassen. Zum Schluss den Kuchen mit Puderzucker bestäuben.

Potsdam-Tipps

Tipps zum ersten Spaziergang

Katjes Gläserne Bonbonfabrik
Wetzlarer Straße 96–106
14482 Potsdam
Telefon: +49 (0) 331 704 24 0
https://www.katjes.de/shops-cafe/katjes-shop-potsdam.html

Öffnungszeiten:
Montag bis Freitag von 10–18 Uhr
Samstag von 10–16 Uhr

Die Öffnungszeiten gelten für den Fabrikverkauf und für die „Gläserne Bonbonfabrik". An den Wochenenden stehen die Produktionsräder aber freilich still.

Nowaweser Weberstube
Karl-Liebknecht-Straße 23
14482 Potsdam
Tel.: +49 (0) 331 500 374
https://www.potsdam.de/content/nowaweser-weberstube

Öffnungszeiten:
Dienstag bis Donnerstag 13–16 Uhr

Wer die alten Weberhäuser im ehemaligen Nowawes nicht nur von außen bestaunen möchte, dem sei dieses kleine Stadtteilmuseum empfohlen. Es befindet sich in einem Kolonistenhaus aus dem Jahr 1752 und zeigt neben historischen Fotos und Dokumenten auch einen originalen Webstuhl. Zum Museum gehört ebenfalls ein Kräutergarten, in dem traditionelle Färbe-, Gewürz-, Heil- und Zierpflanzen wachsen.

Flatowturm
Park Babelsberg

Öffnungszeiten:
Leider nur samstags und sonntags geöffnet, und das auch
nur von Anfang Mai bis Ende Oktober, 10–18 Uhr
(Letzter Einlass: 30 Minuten vor Schließung)

Führungsbuchungen:
Tel.: +49 (0) 331 969 420 0

Kleines Schloss
Café im Park Babelsberg
Tel.: +49 (0) 331 70 51 56

Öffnungszeiten:
Dienstag bis Sonntag 11–18 Uhr
(April bis Oktober)
Dienstag und Donnerstag bis Sonntag 11–16 Uhr
(November bis März)

Die Telefonnummer ist an sich wenig hilfreich. Es werden
nämlich keine Reservierungen entgegengenommen. Immerhin kann man sich wenigstens so, um sicherzugehen, über
die wechselnden Öffnungszeiten vor einem geplanten Besuch
informieren.

Klein Glienicker Kapelle
Wilhelm-Leuschner-Straße 1
14482 Potsdam | www.klein-glienicker-kapelle.de

Anmeldung für Führungen:
Tel.: +49 (0) 331 70 57 94

Schloss Babelsberg

Park Babelsberg

Tel.: +49 (0) 332 969 420 0

https://www.spsg.de/schloesser-gaerten/objekt/schloss-babelsberg/

Öffnungszeiten:

Dienstag bis Sonntag 10–18 Uhr

(letzter Einlass um 17.30 Uhr)

Montag Ruhetag

Da hier, wie auch bei den anderen Sehenswürdigkeiten in den Potsdamer Parks und Gärten, die Platzkapazitäten begrenzt sind, sollte man sich seine Eintrittskarte vorab sichern. Diese sogenannten „Zeitfenstertickets" garantieren dann den Zutritt zu einer festen Einlasszeit.

Wartmanns Eismanufaktur & Eiscafe

Waldmüllerstraße 8

14482 Potsdam

Tel.: +49 (0) 331 231 661 88

www.wartmanns.de

Öffnungszeiten:

Montag bis Sonntag 10–20 Uhr

Die Öffnungszeiten sind nicht in Stein gemeißelt, sondern ebenso von der Jahreszeit wie auch vom aktuellen Wetter abhängig. Ein Griff zum Telefon vor dem geplanten Besuch kann also nicht schaden.

Truman-Villa

Karl-Marx-Straße 2

14482 Potsdam

Tel.: +49 (0) 331 70 19 0

www.freiheit.org

Hausherrin der Truman-Villa ist die der FDP nahestehende Friedrich-Naumann-Stiftung für die Freiheit. Einen Besuch der Villa, die nicht öffentlich zugänglich ist, kann man bei den Stiftungsmitarbeitern erfragen.

Piazza Toscana

Rudolf-Breitscheid-Straße 177

14482 Potsdam

Tel.: +49 (0) 331 23 78 444

www.piazza-toscana.de

Öffnungszeiten:

Montag bis Sonntag 11.30–24 Uhr

Dass sich Restaurants im Internet präsentieren, ist ja mittlerweile gang und gäbe. Bei der Piazza Toscana jedoch können sich Gäste vorab online sogar selbst einen Platz (oder auch einen Tisch) reservieren. Damit geht man bösen Überraschungen vor Ort bequem aus dem Weg. Ungewöhnlich sind auch die Öffnungszeiten. Außer am 24. Dezember begrüßen die Gastronomen ihre Gäste das ganze Jahr über. Man denkt allerdings darüber nach, eventuell auch den Heiligabend als Ruhetag zu streichen. Es treffen deswegen immer häufiger entsprechende Bitten ein.

Tipps zum zweiten Spaziergang

AbenteuerPark Potsdam
Albert-Einstein-Straße 49
14473 Potsdam
Tel.: +49 (0) 331 626 47 83
www.abenteuerpark.de

Wissenschaftspark Albert Einstein
Telegrafenberg
14473 Potsdam
Tel.: +49 (0) 331 2880

Öffentliche genauso wie individuelle Führungen durch den Wissenschaftspark bietet der Verein URANIA an. Für den Einsteinturm gelten allerdings, wie im Text ausführlich erläutert, besondere Bedingungen.

URANIA „Wilhelm Foerster" Potsdam e.V.
Gutenbergstraße 71–72
14467 Potsdam
Tel.: +49 (0) 331 29 17 41
www.urania-potsdam.de

Café Freundlich

Telegrafenberg Haus A34 (Freundlich-Haus)
14473 Potsdam
Tel.: +49 (0) 288 27 20
www.cafe-freundlich.de

Öffnungszeiten:
Montag bis Freitag 11.30–16.30 Uhr
Küchenschluss 15 Uhr

blu – Sport- und Freizeitbad Potsdam

Brauhausberg 1
14473 Potsdam
Te.: +49 (0) 331 661 98 51
www.blu-potsdam.de

Öffnungszeiten:
Montag bis Sonntag 10–22 Uhr

Einlassschluss:
1 Stunde vor Schließung
für das Schwimmbad
bzw. 2 Stunden zuvor für den Saunabereich

Das jüngst eröffnete neue Sport- und Freizeitbad „blu" verlockt zum Abtauchen. Mit dem großen, für internationale Wettkämpfe geeigneten Sportbecken, dem Familienbad sowie dem riesigen Sauna- und Wellnessbereich dürfte für jedermann etwas dabei sein. Das Schwimmbad öffnet werktags bereits um 6.30 Uhr. Diese Zeiten sind aber mit Vorsicht zu genießen, da die Halle bei Wettkämpfen den Athleten vorbehalten ist.

Archiv
Leipziger Straße 60
14473 Potsdam
www.archiv-potsdam.de

Angerufen möchte man in dem legendären alternativen Wohn-
und Kulturzentrum offenbar nicht werden, es existiert nämlich
keine öffentliche Telefonnummer. Doch wer sich über die aktuellen Veranstaltungen und Termine auf dem Laufenden halten will, findet auf der Homepage alle nötigen Informationen.

Casino in der Staatskanzlei
Heinrich-Mann-Allee 107
14473 Potsdam
Tel.: +49 (0) 331 866 96 32

Öffnungszeiten:
Montag bis Freitag 8–15 Uhr

Die Angestellten der brandenburgischen Staatskanzlei sowie
der drei hier ansässigen Ministerien speisen nicht etwa in einer Kantine, sondern im Casino. Klingt viel besser, das Ohr
isst schließlich mit. Das abwechslungsreiche Angebot kann
sich aber auch sehen lassen. Die vier verschiedenen Tagesgerichte sind vortrefflich, die Preise liegen dagegen auf Kanti-
nen-Niveau. Überzeugen Sie sich selbst, Gäste sind herzlich
willkommen.

Hinweis zum Zwischengang

Die Aal-Saison beginnt im April und endet im November. In dieser Zeit ist Fischer Mario Weber nach Möglichkeit täglich auf der Havel unterwegs. Ab Mittag kann man dann seine fangfrischen oder geräucherten Aale (und natürlich auch andere Fische wie Zander, Barsch und Hecht) kaufen. Das Geschäft befindet sich direkt an der Stadtmauer, nicht weit vom Kellertor entfernt.

Fischerhof Potsdam
Seen- und Flussfischerei Mario Weber
Große Fischerstr. 12
14467 Potsdam
Tel.: +49 (0) 331 291 848
www.fischerhofpotsdam.de

Öffnungszeiten:
Dienstag bis Donnerstag 12–16 Uhr
Freitag 11–17 Uhr
Samstag 10–13 Uhr
(und nach Vereinbarung)

Tipps zum dritten Spaziergang

Prima-Markt
Am Kanal 50
1467 Potsdam
Tel.: +49 (0) 331 979 34 26
www.prima-markt.de

Öffnungszeiten:
Montag bis Freitag 8.30–18.30 Uhr, Samstag bis 14 Uhr

In einigen großen Supermärkten gibt es zwar mittlerweile auch schon ländertypische Abteilungen, doch findet deren Angebot oft gerade mal in einem Regal Platz. Ganz anders in diesem russischen Spezialitätengeschäft. Die Lebensmittel (und vor allem die Genussmittel) sind zwar nicht gerade billig, dafür aber in einer großen Auswahl vorhanden.

Kantine im Landtag
Am Alten Markt 1
14467 Potsdam
Tel.: +49 (0) 331 966 0

Öffnungszeiten:
Montag und Freitag 8–14.30 Uhr
Dienstag bis Donnerstag 8–10 Uhr und 13–14.30 Uhr
Dachterrasse: Montag bis Freitag 8–10 und 13–18 Uhr

Anders als im Casino in der Staatskanzlei stehen in der Kantine des brandenburgischen Landtags nur vier Tagesgerichte zur Auswahl. Aber Qualität kommt vor Quantität. Zudem kann man an warmen Tagen sein Essen mit einer herrlichen Aussicht auf der Dachterrasse einnehmen.

Bildungsforum

Am Kanal 47
14467 Potsdam
Tel.: +49 (0) 331 289 650 0
www.bildungs-forum.de

Öffnungszeiten:
Montag 15–19 Uhr
Dienstag bis Freitag 10–19 Uhr
Samstag 10–16 Uhr

Das Bildungsforum versammelt die Stadt- und Landesbibliothek, die Volkshochschule und die Wissenschaftsetage unter einem Dach. Herzstück ist die Regionalsammlung „Brandenburgica", die einen universellen Medienbestand zur Geschichte Brandenburgs anbietet. Zudem lädt das „klügste Haus der Stadt" zu zahlreichen Kulturveranstaltungen – darunter viele Lesungen mit namhaften Autoren – ein.

Ausstellung „Potsdam und der 20. Juli 1944"

Ministerium für Infrastruktur und Landesplanung
Henning-von-Tresckow-Straße 2–8
14467 Potsdam

Öffnungszeiten:
Montag bis Freitag 9–16 Uhr

Der Eintritt ist frei. Die Besucher melden sich beim Pförtner des Ministeriums. Klingel: MIL

Glögi-Chef
　　Lindenstraße 19
　　14467 Potsdam

　　Öffnungszeiten:
　　Montag bis Sonntag 13–24 Uhr

Wer Glühwein (auf Finnisch „Glögi") nur im Winter trinkt, ist selber schuld. Diese finnische Glühweinstube hat auch im Sommer geöffnet. Und viele Kunden. Weil Glühwein allein nicht glücklich macht, runden zahlreiche Nationalprodukte aus dem skandinavischen Land das Angebot ab.

Wist – Der Literaturladen
　　Dortustraße 17 / Eingang Brandenburger Straße
　　14467 Potsdam
　　Tel.: +49 (0) 331 280 04 5
　　www.wist-derliteraturladen.de

Für Literaturliebhaber, die nicht unbedingt auf der Suche nach den zurzeit angesagten Bestsellern oder Schnäppchenware sind, ist dieser Buchladen die Topadresse der Stadt. Besonders wertvolle Literatur, die man sich anderswo erst bestellen müsste, steht hier in den Regalen. Schmökern ist erlaubt. Zudem verkauft Inhaber Carsten Wist nicht nur Bücher, sondern organisiert auch immer wieder gern besuchte Lesungen.

Webcam
Damit Sie die Bauarbeiten an der Garnisonkirche mitverfolgen können: http://garnisonkirche-potsdam.de/nc/webcam/webcam-garnisonkirche-potsdam

Rosenberg

Dortustraße 15
14467 Potsdam
Tel.: +49 (0) 151 160 506 00
www.rosenberg-potsdam.de

Öffnungszeiten:
Dienstag bis Samstag 10–18 Uhr
Sonntag 10–16 Uhr

Potsdams erste – und einzige – Adresse, wenn es um ausschließlich vegane Speisen geht. Das stylish eingerichtete Café bietet neben selbst kreierten Kuchenspezialitäten auch herzhafte Gerichte wie belegte Brote mit Aufstrichen aus der Eigenproduktion für den kleinen Hunger an.

Stiftung Gedenkstätte Lindenstraße

Lindenstraße 54
14467 Potsdam
Tel.: +49 (0) 331 289 6136
www.gedenkstaette-lindenstrasse.de

Öffnungszeiten:
Dienstag bis Sonntag 10–18 Uhr

Die Gedenkstätte versteht sich als ein offener Lernort der Geschichte. Sie lädt zu ständig wechselnden Ausstellungen, Projekttagen, Veranstaltungen und Zeitzeugengesprächen ein. Wer nicht allein durch das einstige Nazi-, KGB- und spätere Stasi-Gefängnis gehen möchte, der sollte sich einer Führung anschließen. Öffentliche Besichtigungen finden an jedem Samstag um 14 Uhr statt, einer Anmeldung bedarf es dafür nicht.

Hofcafé

Friedrich-Ebert-Straße 37
14469 Potsdam
Tel.: +49 (0) 0331 23 53 63 68
www.hofcafe-potsdam.de

Öffnungszeiten:
Montag bis Samstag 10–18 Uhr
Sonntag 13–18 Uhr

In der warmen Jahreszeit empfiehlt sich ein Platz im geradezu idyllischen (Hinter-)Hof des Palais am Stadthaus. Der stilvoll gestaltete Innenraum des Cafés bietet dagegen einen Aufenthalt im Ambiente des 18. Jahrhunderts.

Galerie Lidiya

Friedrich-Ebert-Straße 89
14467 Potsdam
Tel.: +49 (0) 331 870 96 35
www.galerie-lidiya.de

Öffnungszeiten:
Montag bis Freitag 12–18 Uhr
Samstag und Sonntag 11–18 Uhr

Die Galerie befindet sich etwas versteckt in einem rustikal gehaltenen Hinterhof. Frau Lidiya Steshenko-Kwaschny gibt dort nicht nur einen Einblick in ihr Oeuvre, sie bietet auch Malkurse an und zwar für Kinder, Jugendliche und Erwachsene. Auf dem Unterrichtsplan stehen abstrakte Malerei, abstrahierte figurative Malerei und figurative Abstraktion. Wer Kunst nicht im Team erlernen will (oder kann), kann auch einen Individualkurs buchen.

Tipps zum vierten Spaziergang

Meierei – Brauhaus
Im Neuen Garten 10
14469 Potsdam
Tel.: +49 (0) 331 704 32 11
www.meierei-potsdam.de

Öffnungszeiten:
April bis Oktober
Dienstag bis Freitag 12–22 Uhr
Samstag und Sonntag 11–22 Uhr

November bis März
Dienstag bis Samstag 12–22 Uhr
Sonntag 12–20 Uhr

In dem originalgetreu restaurierten Traditions-Gasthaus kommt nur deftige Hausmannskost auf den Tisch. Und natürlich: Bier, Bier, Bier. Viele Sorten, allesamt selbst gebraut. Das allerneueste Ergebnis aus der hauseigenen Rezept-Entwicklung: das Meierei-Porter. Dazu genießt man von der Terrasse einen fantastischen Blick auf den Jungfernsee. Gut zu wissen: Selbst an Feiertagen steht man hier nicht vor verschlossenen Türen.

Gedenkstätte Leistikowstraße

Leistikowstraße 1
14469 Potsdam
Tel.: +49 (0) 331 201 15 40
http://www.gedenkstaette-leistikowstrasse.de/

Öffnungszeiten:
April bis Oktober
Dienstag bis Sonntag 14–18 Uhr

November bis März
Dienstag bis Sonntag 13–17 Uhr

Wie in der Gedenkstätte Lindenstraße lässt sich auch hier ein besonders finsteres Kapitel aus Potsdams jüngerer Geschichte wenn schon nicht begreifen, dann zumindest erahnen. Das frühere KGB-Gefängnis wirkt unheimlich beklemmend, weil so authentisch. Offenbar hat man dort nicht viel verändert. Der Eintritt ist frei, lediglich für Gruppen-Führungen berechnet die Stiftung ein pauschales Entgelt von 55 Euro.

Fontane-Archiv
Große Weinmeisterstraße 46
14469 Potsdam
Tel.: +49 (0) 331 201 396
www.fontanearchiv.de

Öffnungszeiten:
Montag bis Donnerstag 9–16 Uhr
Freitag 9–15 Uhr

Für Fontane-Fans, ob nun mit akademischem oder schlicht persönlichem Interesse, ein Muss! Das Archiv wird auch gern von Schülern und Studenten für ein Ausbildungspraktikum gewählt. Darüber hinaus bietet die ehemalige Villa Quandt neben themenbezogenen Veranstaltungen auch Einzel- oder Gruppenführungen an.

Danksagung

Bücher entstehen nicht im Elfenbeinturm – und falls doch: Pech für den Autor. Ich nenne es daher ein großes Glück, dass Susanne Falk mein Manuskript nicht nur kompetent lektoriert, sondern auch durch viele kluge Anregungen bereichert hat. Dafür gilt ihr mein herzlicher Dank. Bedanken möchte ich mich auch bei Anita Luttenberger vom Braumüller Verlag. Ohne ihre wohlwollende Kooperation wären meine Spaziergänge sicher im Sande verlaufen.